U0106919

我的老師

柴劍虹 著

商務印書館

我的老師啓功

作　　者：柴劍虹

責任編輯：黎彩玉

封面設計：李　猛

出　　版：商務印書館 (香港) 有限公司

　　　　　香港筲箕灣耀興道 3 號東滙廣場 8 樓

　　　　　http://www.commercialpress.com.hk

發　　行：香港聯合書刊物流有限公司

　　　　　香港新界大埔汀麗路 36 號中華商務印刷大廈 3 字樓

印　　刷：美雅印刷製本有限公司

　　　　　九龍觀塘榮業街 6 號海濱大廈 4 樓 A

版　　次：2006 年 5 月第 1 版第 1 次印刷

　　　　　© 2006 商務印書館 (香港) 有限公司

　　　　　ISBN 13 - 978 962 07 4426 6

　　　　　ISBN 10 - 962 07 4426 8

　　　　　Printed in Hong Kong

目 錄

寫在前面的話
之一

對於一個學生來講，最大的幸運莫過於遇到好老師。"好老師"的標準，自然既不是必須十全十美，又會因人因時因地而有所差異，但我以為最根本的應有三條：品行好，學養好，教法好。天底下符合這標準的老師當不在少數，因此許多學子都會有遇上好老師的機會；但是，要得到如啓功先生這樣的一代名師嚴父慈母般的數十年如一日的教導和關懷，卻需要"緣分"。我今生得有此緣，可謂知足矣！

若干年來，我寫過幾篇文章，講述啓功先生和我的師生情緣，也試着評介先生的治學精神、方法與成就，幸而得到師友們的認可。因此，一直有友人勸我寫出一本關於啓功先生的書來，甚至還有出版社寄來出版《啓功傳》的相關合同，我都沒有應承。原因很簡單：一是啓先生並不贊成，恐有讓學生往他臉上"貼金"之嫌；二是我覺得以自己之拙笨，實難表達出先生精神之萬一，怕給先生"抹黑"。前者當然是啓先生的謙虛謹慎，後者則確非我的多慮，因為這二十多年來，我幾乎每月都有幾次親聆啓功先生教誨的機會，所見、所聞、所感受到的何止千萬，而所能記憶、領會的實在太少。聽啓先生幽默風趣、充滿睿智的講話是一種真正的享受，除正式聽課以外，我不能在先生談話時作記錄，因為那樣將大煞風景；我也不善於聽後補記，算不上是這般"有心人"；我也想過用錄音機，雖然先生也允許，卻始終沒有這樣的"氛圍"。所以，我只能深深地自責。然而，我現在又終於開始寫了，其原因也很簡單：近來報刊上寫啓功先生的文章越來越多，而且還有小冊子問世，雖然都是好意，其中也不乏精彩文字，但我和一些友人都覺得仍不免單薄或有道聽途説的隔膜之處，實在是委屈了先生。此外，社會上還流傳着一些瞎編亂造和錯傳、傳歪了的不實之辭，必須加以糾正。我雖不才，至少還能以一個學生的親身感受和了解，給讀者介紹些實際的情形，這也正是許多關心與尊敬啓功先生的朋友所期望的。當然，我只有努力用心寫，才能不使大家失望。

現在，新千年的曙光已照亮神州。啓功先生健康地和大家一道跨進了21世紀。這是我們這些晚輩學子的幸運，更是國家的幸運！我始終認為，現今各行各業、各層各級在格外重視成千上萬中青年“跨世紀人才”並為他們鳴鑼開道之時，絕對不可輕視甚至丟棄了同樣也跨越了世紀的成千上萬的老年專家，正是他們，為後輩的前進提供了智慧，樹立了榜樣，鋪墊了基礎，傳遞了接力棒。大家公認啓功先生是“國寶級的人物”，而對“國寶”含義的理解以及如何善待“國寶”，認識並不一致。先生常以“大熊貓”自喻，其中除了風趣和調侃之外，是否還有值得我們深思與反省的内容呢？國之富強，以人才為本；而人氣之旺，在於老中青代代相傳不致斷層，在於尊師愛生傳統美德的繼承發揚。我們在人才問題上也必須摒棄自私狹隘的功利觀，反對形而上學和機械進化論，真正做到實事求是。這也是我寫這本小冊子時的一個基本思路，期望能與讀者諸君相通。書中不妥之處，則敬祈師友和讀者指正。

柴劍虹　於2001年元旦

之 二

近幾年來，由於自己忙於應對工作雜務及寫作上的懈怠，這本書剛寫了個開頭就停下了，一拖就是四五年。2004年7月，由先生內侄章景懷與我的同學趙仁珪二位仁兄記錄整理的《啓功口述歷史》出版了，我不由地鬆了一口氣，因為本來想寫的許多內容在《口述歷史》中已有反映，不必再重複敘述了；但同時因為前兩年先生的身體已不如以前，斷斷續續的口述難免有不連貫與不能充分表情達意之處，記錄整理稿要準確地反映先生特有的風貌實在不易，又加上先生因眼睛患黃斑病變無法審校書稿，所以正如有些比較熟悉先生情況的師友所說，《口述歷史》中也還有可補正之處。因此，一些朋友仍鼓勵我繼續寫這本書。

我本來想在去年6月退休後集中精力寫，卻又不得不應臺灣中國文化大學之邀，到那裏去開設一學期的敦煌吐魯番學課程。9月下旬到啓功先生寓舍去辭行，先生再三叮嚀早日回來，話語中飽含關懷之情，眉宇間流露依依不捨之色。我到臺北陽明山後，也常常給先生打電話問候起居，電話那頭傳來先生的聲音依然清晰有力，風趣生動，讓我開心與放心。10月下旬，突然接友人電話，說先生體衰無氣力；我趕快打電話給家中囑咐妻子去師大紅六樓探視。妻子看望先生後來電說："啓先生最近是較衰弱，但精神尚好，正在恢復之中。"

2005年元旦，我給先生打電話祝賀新年，傳來的聲音仍然洪亮，但詢問卻更加急切："你幾兒（時）回來啊？"我告訴先生：「1月9日離臺，11日回到北京。」「那再過十天咱們又可以見面了！」先生的思路十分清晰。這又使我寬慰不少。1月10日，我在香港停留時，聯合出版集團的總裁陳萬雄先生還催促我趕緊完成這本書的寫作。1月13日，我和妻子一道去看望先生，卻發現我敬愛的老師已經十分虛弱，心中掠過陣陣不祥之感。過了8天，先生住進了北大醫院。經過五個多月與病魔的的頑強搏鬥，93歲高齡的先生終於擺脫痛苦，駕鶴西行。我這本小書不能於先生健在時面呈座前，造成終身遺憾。現在，我下決心暫且擺脫書局返聘工作之勞，抓緊寫作，趕在先生逝世一周年之際將它奉獻於先生靈前，請吾師在九天之上披覽批正。

2005 年 12 月

我的老師

啟功

初識師面

1 初識師面

1961年夏，我從杭州一中（杭高）畢業，考上了北京師範大學中文系。當時，系裏有不少名教授，如黎錦熙、黃藥眠、劉盼遂、陸宗達、鍾敬文、李長之等，卻因種種原因很少給學生講課。黃藥眠先生因每週都坐在我們年級的"文藝理論"課堂聽課，所以常見面；其他一些教授則恐怕在校園裏碰到也不認識。至於啓功先生，雖然當時還不滿50周歲，講課的生動活潑、深入淺出在系裏已頗有名聲，但學生們也難得親聆其教，我們年級只有個別喜歡書法的同學在晚間聽過他偶爾開設的書法講座。原因很簡單，50年代後期的一場政治運動，啓功先生被"派入右"，不但被取消了1956年評定的教授資格，連給學生上課的權利也受到了限制。

1963年初夏的一天下午，我們中文系二、三年級學生一道在"新2"（階梯教室）上詩詞格律的"合堂"課，講課老師正是啓功先生。在這堂課上，我得以初識師面。

我記得那天天氣較熱，大教室裏坐滿了二百多人，更

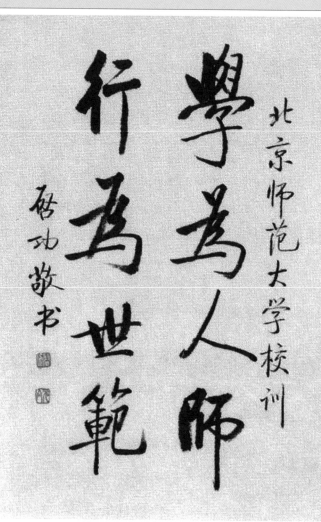

啓功手書師大校訓（1997）

顯悶熱。啓功先生剛走上講臺，就脫掉了外套。他個子不高，胖乎乎的臉上戴着一副眼鏡，白襯衣外面套着背帶褲，衣袖隨便地翻捲着。他一開講先用純正的京腔念

啓功早年講詩文聲律時輔導學生用的表格（聶石樵、鄧魁英先生提供）

了幾首古詩，再以加重的口氣突出句中的古入聲字，那抑揚頓挫的語調馬上便吸引了同學的注意力。詩詞的聲韻格律，本來是我們這些初學者深感頭疼的東西，尤其是四聲中的入聲及清、濁音的區分，對於我這樣熟悉保留有古音的方言的浙、閩、粵同學來講還稍好些，講北方話的同學則很難體會，啓功先生卻以吟詩入手，給大家以聽覺上的生動感受。然後，他又形象地將平、仄聲符（－ － ｜ ｜）在黑板上畫成竹竿，用截取竹竿的方式來講解五、七言詩格律的基本句式，既形象直觀，又深入淺出，簡明扼要。在講授中，啓功先生妙語連珠，活潑風趣，使同學們茅塞頓開，興趣倍生，也全然忘卻了夏日的炎熱，有時看到啓功先生不經意地用衣袖去擦臉上的汗水，便報以善意的笑

啓功座右銘

啓功的題詞

聲，課堂氣氛十分活躍。當時，我們看着樂呵呵的啟功先生，都覺得他是樂天派，竟無人知曉他蒙受的不公正待遇。只是在多年後，我見到啟先生為第一屆教師節的題詞："得天下英才而教育之，一樂也。"才對他的樂，有了新的認識。

從 1963 年冬天開始，師生們開始投入"農村社會主義教育運動"（"四清"），我們年級先到京郊大興縣兩個月，後又到河北衡水九個多月，不再照常上課，我們再也沒有聽啟功先生講課的機會。這第一次（也是本科學習階段惟一的一次）聽先生講課的情景，卻深深地印在我的腦海裏，終生難忘。

"文革"浩劫，有"摘帽右派"與"反動學術權威"雙重罪名的啟功先生的遭遇自不必細說。起初，我們聽說他收藏的古代字畫被迫上交了，一些藏書亦岌岌可危。先生對來家裏"抄封資修"的學生說："我這裏只有'封'而無'資修'。"幸虧四年級有兩位出身好的同學彭加瑾、王永敬說："既然你這裏只有'封'，就給你封了吧！"他們聰明地將"紅衛兵封條"貼在啟先生的書櫃上，使後來造反者不能再打開抄沒，才使這些藏書免遭厄運。（不久之後，彭、王二位也因寫了質疑"中央文革"的大字報而被打成反革命。）多年之後，啟先生還念叨着這兩位同學的機敏。

啓功與作者（1984）

大約是1967年的春節前後，忙於奪權的造反派已無暇顧及
"死老虎"了，像啓功先生這樣的教授不再被重點"亮相"
（批鬥）了，只是每天都被責令去打掃衛生。當然，也有
"戰鬥隊"指定啓功先生抄寫大字報的，算是"用其所長"。
啓功先生對這些都處之泰然。有一天上午，我從西北樓三
樓的宿舍出來，經過樓道廁所門口，忽然聽到有些耳熟的
京腔："掃地也有訣竅，先掃四角，再掃中間⋯⋯"我探頭
一瞧，原來是啓功先生手執拖把正在跟另一位愁容滿面的
教授（好像是鍾敬文先生）打趣。先生身處逆境中的這種達
觀情緒，又給我留下了難以磨滅的印象。後來我在西北邊

匯工作十年，在工作與生活上碰到種種困難與挫折時，腦海裏常映現出啓功先生在課堂上吟詩及樓道中的這一幕，惋惜自己無緣跟隨像啓功先生這樣的老師學習，也更堅定了探索人生真諦的信念。

1978年夏，高校恢復招收研究生。北師大中文系首批只招中國古代文學專業的碩士生，指導教師是郭預衡、聶石樵、韓兆琦三位先生，全國報名者有140多人，十分踴躍。我在新疆應考，後又到北京參加復試，於1978年秋回到母校開始了三年的研究生生活。大約正在此時，學校開始考慮恢復啓功先生的教授資格。到第二年，系裏才安排他為研究生講課，之後又正式擔任我們三個選做"唐宋段"論文研究生的導師。在初識師面15年之後，我慶幸自己又能直接聆聽啓功先生的教導，續上了師生因緣。

師生情緣

2 師生情緣

　　母校中文系招我們這批研究生時，招生簡章所列導師名單裏並無啟功先生，其原因有二：其一，他當時還是"摘帽右派"，並未恢復二十二年前就已經通過的教授職稱；其二，他剛從中華書局參加點校《清史稿》回來，系裏還未考慮安排講課。就在這一年，啟功先生以他特有的風趣、大度和幽默，用略帶自嘲的口吻自撰了一首《墓誌銘》：

> 中學生，副教授。博不精，專不透。名雖揚，實不夠。高不成，低不就。癱趨左，派曾右。面微圓，皮欠厚。妻已亡，並無後。喪猶新，病照舊。六十六，非不壽。八寶山，漸相湊。計平生，諡曰陋。身與名，一齊臭。

　　寥寥72字，簡潔樸實、生動傳神地自述了坎坷遭遇，也表達了先生對人生的達觀態度。

　　大概是要"落實政策"吧，中文系安排從1979年4月5日起，啟功先生開始為我們這班研究生講"唐代文學"。歷盡劫難，性情未變。啟先生講課仍是那麼風趣而透徹。

因為教研部門仍按老辦法將中國古代文學分成先秦、漢魏、唐宋、元明清四段，讓教師各講一段，學生亦各攻一段。啓功先生很不贊成這種"分段教學法"，認為不科學、局限大。他對我們說，文學的發展，常常隨着歷史的標誌為標誌，某朝某代，甚麼初盛中晚，前期、中期、後期。其實文學和歷史，並非雙軌同步。文學家並非在"開國"時一齊"下凡"，亡國時一道"殉節"， 因此清代袁枚就最反對把唐詩分為"初盛中晚"。

先生打比方說，譬如烹魚，燒頭尾和燒中段，從來也沒法規定以第幾片鱗為界線去切，只是估摸着硬切罷了。而教書又畢竟與燒魚不同，燒魚可以裹上麵糊用油一炸，斷處剖面均被掩蓋，更不需血脈相通；教文學則既要在縱的方面講透它的繼承發展關係，又要在橫的方面與兄弟藝術品種相關聯，一個作家與作品的上下、前後、左右都不是孤立的，要弄清就需要豐富的知識、深入的探索、精煉的選擇和扼要的表達。

先生還講了一個故事：從前有一位將軍在戰場上負傷，胳膊中了一箭，跑回大本營求醫。一位"外科醫師"將露在皮膚上的箭竿鋸掉後對將軍說："我的任務完成了，剩在肌肉裏的箭鏃你找內科大夫去治吧！"這個幽默而誇張的小故事，讓我們在哈哈大笑中領會了先生反對機械分段的道理。先生常說："沒有吃過豬肉，難道還沒有見過豬跑？"他便將自己的課起名為"豬跑學"。

啓功先生在給我們講課時，不僅常常有意突破"唐宋"這個小框框，還常常突破"文學史"這個大框框，深受大家

歡迎。

5月17日，系裏安排的"唐代文學"課講完後，啓先生又在5月24日、31日加講了八股文和古詩詞作法，然後由郭預衡先生接着講宋代文學。啓先生感到言猶未盡，到秋季，又主動提出每星期到我們宿舍來講一次課，可以更靈活、自由。於是，在狹小的宿舍裏，他又為我們講了明清詩文和《書目答問》等。和十六年前我第一次聽先生講課一樣，啓先生講得還是那麼生動風趣，那麼淋漓透徹。正是這些輕鬆的雜談、對話式的授課，開拓了我們的學術視野，豐富了我們的專業知識。不僅如此，有時在宿舍講完課，先生便當場為一位同學寫一幅字。先生在宿舍總共講了七次，我是1980年初先生第七次講課後獲賜墨寶的。先生書贈我的是他論蘇東坡詞的一首絕句：

> 潮來萬里有情風，浩瀚通明是長公。無數新聲傳妙緒，不徒鐵板大江東。

我們這頭一批研究生共九人，當時被戲稱為"中文九子"。啓先生總共在宿舍寫了幾幅字，我現在已經記不清了，反正還有幾位同學沒有拿到，我只記得其中一位是呂伯濤兄，當時很是遺憾了一陣。當然後來都已"補賜"，皆大歡喜了。

文革後第一屆研究生看望啓功
（2004）

　　第四學期開始不久，我與另兩位同學被分在"唐宋段"，就由啓功、鄧魁英兩位先生來指導。為了給撰寫學位論文做準備，我在讀書之餘也試着練習寫些短文章，呈給兩位老師批改，如《駱賓王散論》請鄧先生批改，而與西域有關的文章則呈啓先生過目。我寫了一篇論元代維吾爾族散曲家貫雲石的長文，啓先生看後覺得可以發表，但文字還應提煉，就又專門讓我練習用文言文寫了關於讀陳垣校長《元西域人華化考》的心得體會。1980年初，我寫了

一篇《胡旋舞散論》請啓先生指點，先生看後説："我不懂
舞蹈，介紹個老師指點你吧。"他提筆給北大陰法魯教授
寫了封信，把我的文章連信一道寄給了陰先生。不久，我
就接到陰先生的來信，約我去他家面談。陰先生不僅對我
的習作提出修改意見，還介紹我認識了文化部藝術研究院
舞蹈所的王克芬老師，並將我的文章推薦給《舞蹈藝術》發
表，還讓我到舞蹈所聽吳曉邦先生講課，以後我參加編撰
《中國大百科全書·音樂舞蹈卷》、撰寫整理與研究敦煌舞

譜殘卷的文章等，均緣起於此。

我1966年在北京師大中文系本科畢業，志願到新疆工作，從1968年初夏到1978年深秋，在天山北麓的烏魯木齊市教了十年書，對祖國的西北邊陲有些切身的體驗，所以選擇唐代岑參的邊塞詩作為碩士論文的題目。啟先生對此十分支持。大概是在1980年4月，我先試着寫了一篇不到4千字的短文《"瀚海"辨》。因為是平生第一次寫考證文章，心裏沒底，就呈請啟功先生批改。不料先生看後頗為誇獎，要我再"打磨"一下去發表。就在當年8月，我特地回到新疆，到天山南北的庫車、輪台、庫爾勒、吉木薩爾等地做了一次實地考察，拍了一些照片，除修改了《"瀚海"辨》之外，又撰寫了考辨岑參詩中若干地名的文章。啟功先生看了文章和照片，甚為高興，馬上提筆給中華書局的傅璇琮先生寫了一封信，將我的文章推薦給《學林漫錄》發表：

璇琮老兄：

茲補呈文稿三篇，一為全文略說，乃俞敏先生作。另二為柴劍虹同志作，皆關於岑參之事，附照片三頁。柴在新疆工作有年，此照片乃其今夏自拍者。三稿請審閱，何處可用，請隨意處理。如不適用，退稿無妨。柴文尤望賜以指正，此人為高材研究生，公曾於講學時見之者。俞文似太古，渠亦未諄囑代投，此弟為《漫錄》拉稿耳，備用而已。拙稿廿首不夠《文史》水平，《文史》當另以《耳食錄》補白，請轉告吳兄。

弟功上　九日

信中提及的俞敏先生是中文系的教授，著名的語言學家，也是我讀本科時教古代漢語的老師，我做研究生時旁聽他教的古梵文課，寫貫雲石文章時也向他請教過語言學上的問題。當時我並不知道，正是啓功先生的這封信及他推薦的拙作，促成了我與中華書局的因緣。

第五學期，系裏要古典文學教研室進一步確定各位研究生碩士論文的指導教師。當時，我希望能由啓功先生來指導我做論文，但"唐宋段"的另兩位同學也很想要在啓功先生名下指導，系裏讓我"發揚風格"。記得有一天從學校主樓出來，啓功先生與我邊走邊談心，他講："你是黨員，又是班長，既要服從組織安排，又要照顧同學情緒，我相信你一定可以在鄧先生指導下做好論文。至於課外時間，我仍衷心歡迎你多來我家閒聊。"在這之前，我已經是啓先生小乘寓舍的常客，而先生這一句話，則更加深了我與啓功先生的師生情緣。

啓功先生與師母沒有子女，師母已在1975年初病逝。當時，先生一人住在西直門內小乘巷86號他內弟家中一間小平房裏。那是一間十分簡陋的小屋，總共不過十一二平米大小，白紙糊的小窗戶，頂棚上已佈滿窟窿，地面也已凹凸不平。臨窗有一張條桌，靠牆安着牀，剩下的空間便只夠擺兩把椅子，書與紙只好插空堆着。1979年秋我第一次踏進啓功先生這間陋室時，望着眼前的景象，不但驚訝得半晌說不出話來，而且從心頭升起濃重的悲哀：一位全國第一流的文史專家與書畫家，竟住在這樣的房子裏，甚至還比不上我剛到新疆工作時與人合住的簡易宿舍！倒是啓功先生笑着對我說：“我這裏還不錯吧？晴天可聽麻雀爭吵，耗子奔跑，雨天接漏有叮噹的水聲，只是查書不便，多來個客人沒處坐，實在對不住了。”

當時，到小乘巷拜訪啓功先生的人已經不少，雖然還遠未達到後來在師大小紅樓那樣賓客盈門、高朋滿座的地步，但因房間太小，有時同時來兩三個人就很不方便了。後來有一位在海軍工作、跟啓功先生學書畫的朋友實在看不過去，就找部下幫忙將居室一隔為二，雖然裏間更為侷促，卻有了調劑來客的餘地。隨着先生在書畫界的影響與日俱增，加之先生有求必應的好脾氣，登門求字、求教的常常絡繹不絕，有時鬧得終日不得安寧。先生自嘲地說：“我成了動物園裏供人參觀的大熊貓了！”啓功先生70年代起就患有嚴重的心臟病及頸椎病、氣管炎，小屋潮濕，天氣一變就易犯病。我真切地記得有一次去小乘巷，看見院門上貼着一張白紙，上面是啓功先生寫的16個字：“熊貓病了，謝絕參觀。如敲門窗，罰款一元。”我趕緊進院子推開小屋的門進去，先生正躺在牀上，滿面病容，不住地咳嗽。先生見我進屋，還說：“你沒有敲門，所以不必罰款了。”就在此時，先生還不忘幽默，真讓人心酸而又感動。先生的居住條件一直到我們研究生畢業離校後才逐步改善。

從1979年秋到1981年秋研究生畢業，我幾乎每月要去小乘巷先生住處三四次，無論是帶着學業上的問題求教，還是陪先生待客及閒談，抑或聽先生講說詩文書畫，耳濡目染，其間領受的教益何止千百，師生間的感情也逐漸加深。1981年夏，我的碩士論文寫好後，除交給鄧魁英先生審讀外，啓先生破例擠出時間來通讀了一遍，給我具體的指點與鼓勵。他特意請時任中華書局副總編的傅璇琮先生來擔任我的學位論文答辯委員，為此又給傅先生寫了一封信：

璇琮同志：

台旌榮旋後，尚未獲晤。茲有二事奉求，懇予分神指教：一、杭州美院研究班朱關田同志撰李邕行年考一文，擬求賜予指正，茲介紹往謁面談，望賜延見。二、師大柴劍虹同志畢業論文關於岑參者，敬求我 公為校外審查，賜予評定，並參與答辯，其文 公已大致看過，過目當不多費時間也。容當面謁詳罄。即頌 撰安！

弟功敬上 七日

答辯前一天，啓先生又特地關照我答辯時要注意哪些問題。論文答辯順利通過後，我又一次面臨工作分配問題。師大一些老師希望我留校任教，但因為我們這一屆同

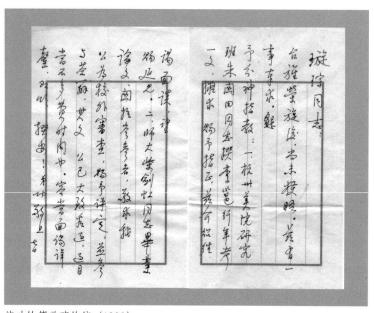

啓功給傅璇琮的信（1980）

學本市生源多，外地生源留校有困難，我表示願意回新疆
工作。啓功先生經過周到考慮，認為我還是留京較好。在
我的一位老同學幫我落實了一個留京指標後，啓先生特地
向中華書局推薦我。他對我説："書局主辦的《學林漫錄》
二集已經發表了你的文章，傅璇琮先生又參加了你的論文
答辯，已經對你有所瞭解，到書局也有利於你繼續做學
問。"他又意味深長地説："我對中華是有感情的，中華是
我的第二個家呀！"這樣，我在1981年11月進了中華書
局，開始了編輯生涯。

　　我進書局工作20多年來，啓功先生仍無微不至地關心
我的工作、學習與生活。剛到書局時，還沒有集體宿舍，

我和盛冬鈴、陳抗二位合住王府井36號辦公樓五層的一個小房間，生活不很方便，先生常常打電話來叫我一起到飯館改善伙食，順便聊聊在書局的工作感受。1982年1月中，先生要帶領一些在校研究生參觀故宮，還特地提前通知我也隨隊觀看。參觀時，有些文物我們看不太明白，他就坐下來細細為大家講解。最讓我感動的是，在1984年夏我結婚時，啓先生事先特地為我們畫了一幅硃竹，親自裝在一個石膏製花邊的鏡框裏，在7月18日那一天，已經72歲的先生，坐着當時任豐臺區委書記的陳昊蘇先生的車，從城西開到城東南的蒲黃榆，親自端着沉甸甸的鏡框，帶着昊蘇先生，一步步爬樓梯送到我居住的六樓宿舍裏。當先生看到我們宿舍沒有煤氣罐，還用煤油爐做飯時，便對昊蘇先生說："蒲黃榆屬豐臺區管吧？你這個父母官是否幫助解決一下煤氣罐啊。"質樸的昊蘇先生連忙解釋說："這煤氣罐可不歸區裏管啊！"二十多年來，此情此景，常在我腦海中浮現，永遠不會磨滅，我也難以用言語來表達自己的感激之情。

多年來，我也仍常常去師大紅六樓看望先生，有時因出差在外或工作忙，有十天半月見不到先生，心中便悵然若失。2003年"非典"肆虐之前，我每次去紅六樓，看先生待客寫字或閒聊，啓先生就會拿出他寫的文稿或寫詩的

啓功在故宮為作者答疑（1982）

啓功為參觀故宮的學生講解（1982）

小本子來，讀給我聽，而且常常留我在家中一起午餐，邊吃邊聊，十分愉快。有一次先生正在寫扇面，用一個像繡花工具似的特殊的繃子將褶皺的扇面夾住繃平，才好往上寫字。我是第一次見先生這樣寫字，便請先生也為我書寫一幅。先生便為我在扇面上寫了唐代虞世南的詩句："焰焰戈霜動，耿耿劍虹浮。天山冬夏雪，交河南北流。"詩中正巧嵌着我的名字，又是寫新疆的景色，由先生寫給我，真是格外有意義。有一回，我踏進啟先生的客廳，他剛寫得一副集江子屏、汪容甫先生文中句的對聯："地負海涵淵淳嶽峙，桃花淥水秋月春風。"便問我："這聯如何？"我說："好！""好就給你吧！"拿着先生賜予的墨寶，我真是喜出望外。又有一次，啟先生寫完這樣一副對

啟功贈作者扇面

來，照一張！（1996）

聯："佛祖傳心如指月，詩人得句在聞鐘。"他自己覺得比較滿意，見我帶着相機，便站在桌前一手拿一聯説："來，照一張！"先生窗臺邊常年擺着"謝絕照相"的牌子，但只要我帶去的客人想和先生合影，他總是高興允諾。可是房內光線差，有的就用閃光燈，對先生的眼睛不好，這樣反而讓我覺得十分對不住先生，有時只好當一回"惡

人"，提前告訴客人千萬別提出照相要求。

1986年，書局評審職稱，我和陳抗、盛冬鈴三人作為文革後第一批碩士，且工作過十餘年，申報副編審在評委投票中均獲全票通過（我作為評定小組工作人員知曉投票結果），但是有幾位本科一畢業就到書局工作的編輯未獲通過，有評委違反紀律將投票結果先透露出去，於是引發了一陣小小的地震——那幾位先生聯合起來向局領導提意見，大概是按照論資排輩的慣例，我們三人"局齡"小，不該超越他們。當時書局以李侃先生為總編的新班子剛組建不久，為了"維護穩定團結"，李侃先生便找我談話，說決定重新投票，希望我能"讓一讓"，並不要將原投票情況告訴陳、盛二位。與此同時，傅璇琮先生還專門到師大請啓功先生做我的工作。啓先生對我說："我是完全相信你會正確對待的，但作為老師要勸自己的學生別晉升職稱，那怎麼可以呢？"我從先生的話語中，聽出了他對學生的殷切期盼。1993年，當我獲得國務院頒發的"有特殊貢獻的專家津貼"時，啓先生非常高興，還專門請我去"撮一頓"表示祝賀。1997年，書局一個副總經理向我轉達了一位版協領導的意思，希望調我去做線裝書局的負責人。我表示自己已年過五十，不適合再做領導，還是留在中華做一個普通的編輯為好。當我把自己的想法告訴啓先生時，他也

啟功與作者父親（1989）

啟功與作者一家（2002）

表示贊成，並仔細地為我陳說利弊。我開玩笑地對先生說："您當年對老校長說'少無宦情'，我現在可是'老無宦心'。"先生大樂。

多年來，每當自己在學習、工作或生活中遇上問題、碰到困難時，總能從先生處得到指導、幫助與安慰。我從心底裏體會到了"師生情同父子"！啟功先生大我父親半歲，望着眼前慈祥和藹的先生，我常常想到自己的父親。因為父親在外地工作的緣故，我從讀小學起就不在父母身邊，中學快畢業時父親剛調回杭州，不久我又到北京上大學，大學畢業後又遠赴新疆。屈指算來，父子相聚的日子甚少。這個缺憾，如今卻在老師身上得到彌補，這興許也是命運的安排吧。80年代末，我父親來北京小住時，到小紅樓看望啟先生，兩位老人暢敘興濃，合影留念，先生還揮筆寫了一首《題董香光畫冊》的詩相贈：

五嶺奇峰幾萬重，雲程俯首瞰芙蓉。
墨緣似與華亭約，一日羊城兩度逢。

　　記得 80 年代初的一天，我在啓先生家聊天，時近中午，啓先生說："今天咱們坐公共車去遠處吃飯如何？"於是，我們就從鐵獅子墳乘 22 路公共汽車到西單路口的一家飯館午餐，順便到附近的中國書店轉轉。汽車的擁擠使身體略胖的先生不勝其苦，而車上居然無人給先生讓座更讓我內心酸楚。回到小紅樓後，先生翻開他的寫詩稿本，給我念他前不久做的《鷓鴣天·乘公共汽車》詞，念到"變個驢皮影戲人"一句，先生哈哈大笑。我說："啓先生，大家都說您是真正的樂天派。"不料這時先生突然嚴肅地對我說："我內心的痛苦，又有誰知曉？"這話使我受到極大的震撼，也引導我逐漸地去認識啓先生的家世與遭遇，瞭解他的內心世界。

身世回首

3 身世回首

啟功先生的身世，是外界談論甚多的一個話題，有種種傳說，而先生自己卻很少談及。所以在先生的《口述歷史》出版之後，仍有必要介紹一些我知道的情況。

大約是在1972年，先生在年滿花甲之時，曾寫下一首《沁園春•自敘》，詞云：

> 檢點平生，往日全非，百事無聊。計幼時孤露，中年坎坷，如今漸老，幻想俱拋。半世生涯，教書賣畫，不過閒吹乞食簫。誰似我，真有名無實，飯桶膿包。　偶然弄些蹊蹺，像博學多聞見解超。笑左翻右找，東拼西湊，繁繁瑣瑣，絮絮叨叨。這樣文章，人人會作，慚愧篇篇稿費高。從此後，定收攤歇業，再不胡抄。

詞中除先生特有的自謙、幽默外，也流露出對身世回顧的悲涼心緒。1979年秋，我第一次到西直門內小乘巷先生住所時，就看見門內東牆上掛着他手書的這首詞，末三句已改為："收拾起，一孤堆拉雜，敬待摧燒。"啟先生告

啓功11歲時與祖父(左)、姑
祖丈合影

訴我，這是因為他的一位當時剛上小學的內侄孫女王悅看
懂了末一句，朝他喊："照樣胡抄！"於是有此一改。

正因為我看到"幼時孤露"的詞句，所以從不敢貿然問
先生的身世，怕會引起他的傷感。當然，我很早就知道他
本姓愛新覺羅，是清朝皇室後裔，而具體情況並不清楚。
1991年元月，我應邀訪問香港中華書局，期間香港商務印
書館的總經理陳萬雄先生送我一冊剛出版的《名家翰墨·臺
靜農啓功專號》，刊有先生自己（署名"珠申"）寫的《啓
功簡歷》，前兩段為：

　　　　一九一二年　　啓功，字元伯，亦作元白，又曾號苑
　　　　　　　　　　　北，書齋曾名簡靖堂、堅淨居。滿洲

族人。一九一二年七月生於北京。入家塾前，祖父授讀蒙書，五歲入家塾。

一九二四年　　十二歲，入小學，後升入中學，由於算術英語不及格，未畢業。同時從賈義民、吳鏡汀先生學畫。從戴綏之先生讀經史書，學作詩文。

1997 年，中華書局要出版先生的《漢語現象論稿》，為此先生專門用鋼筆在一張稿紙上寫了一段簡歷，讓我交給該書的責任編輯陳抗兄，前面幾句是：

　　啓功，字元伯，滿族，滿姓愛新覺羅。1912 年生於北京。曾讀小學，中學未卒業。從戴綏之先生（姜福）學詩、古文辭，又從賈義民先生（爾魯）、吳鏡汀先生（熙曾）學畫。後受業於陳援庵先生（垣），獲聞學術流別和考證之學。

　　我曾問先生為何平時不願用"愛新覺羅"為姓，先生講得很直率："姓名本是符號，叫阿貓阿狗、甲乙丙丁都無妨，可偏偏有人很在意它的某種含義或色彩，如愛新覺羅，成了望族貴裔的象徵，帶上政治色彩。更有人榮乃自炫身世，辱則隱姓埋名，甚至不承認他是滿族，這就更無聊了。我出生於民國元年，清朝已亡，連'遺少'的資格都

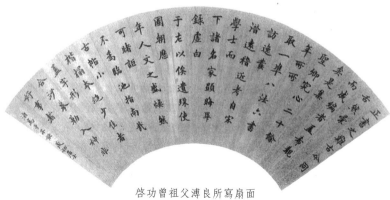

啓功曾祖父溥良所寫扇面

啓功祖父毓隆所繪扇面

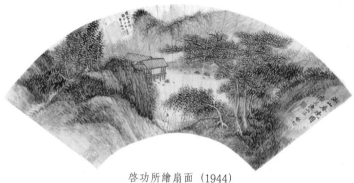

啓功所繪扇面（1944）

不配，幹嘛要往上湊呢？""愛新"譯成漢語即"金"，但讓愛新覺羅氏全改姓金是袁世凱規定的，出於對竊國大盜的痛恨，啟功先生的祖父在臨終前囑咐他決不能姓金。先生在中華書局點校《清史稿》時，有人寄信來寫"金啟功收"，先生即在信封上寫了"查無此人"四字，讓傳達室退回。另外也有人寫成了"經啟功"，先生看了則哈哈一樂。

當然，啟功先生並不忌諱與友人談自己的家世，也曾在論著中鄭重而簡略地介紹過自己的祖上："先祖諱毓隆，字紹岑，別署絸秋庵主。吾家系出和親王（諱弘晝，高宗胞弟）。先曾祖諱溥良，字玉岑。光緒庚辰翰林，官至禮部尚書，察哈爾都統。先祖為光緒甲午翰林，以侍讀學士放四川主考（光緒壬寅）。署國子監祭酒，授翰林院學士，放安徽學政（光緒甲辰）。停科舉，撤學政，補內閣學士兼侍郎銜。宣統辛亥改官制，轉典禮院學士。生於同治壬申，卒於民國壬戌。遺稿編為《絸秋庵遺集》六卷。"先生要說明曾祖、祖父均通過科舉考試取得官職，本質上還是文人學士。先生珍藏了曾祖與祖父畫的若干幅扇面，曾經取出來讓我鑒賞，從中也可看出先生書畫藝術的家學淵源。

大概從 90 年代初開始，就有人熱中於要寫先生的傳記，或希望先生自己寫自傳。對此，先生一概謝絕了。我

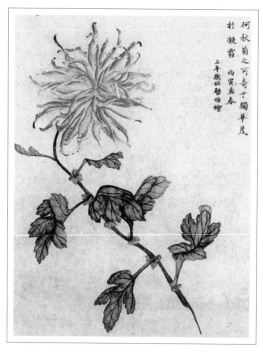

啓功少年時的畫作（1926）

啓功畫作《窺園圖》（1933）

問先生"為甚麼?"先生回答六個字:"何必溫習煩惱?"後來,勸寫者鍥而不捨,又説之以"為保存珍貴歷史資料"的理由,先生遂同意先用錄音機錄下他的談話再整理。他也曾叫我拿錄音機去,可去了若干次,均因他家裏訪客盈門而告吹。一直到2003年末,才由我的同學趙仁珪教授將此事辦成。因仁珪兄的住所離先生住的紅六樓只有百步之遙,得以於夜深人靜之時,在先生內侄章景懷兄的協助下記錄並整理先生的講述,這才有了2004年7月出版的《啓功口述歷史》。書中記述了先生對身世及相關史跡的回憶,彌足珍貴,讀者也可從中去體會先生的坎坷經歷與思想情感,本書就不再贅述了。

在我的記憶裏,他多次跟我講起過這樣幾件事,大概可以為《口述歷史》作些補正。

因為我有在新疆工作的經歷,先生曾不止一次地以自家情形為例,跟我講民族融合的問題。從他外祖家系的蒙古血緣,講到外高祖賽尚阿的子女與守護新疆邊防的關係。賽尚阿的二兒子擔任過駐伊犁的統領,死於勾結沙俄的阿古柏叛亂。曾經有一位歷史學教授要把邊疆分裂分子勾結阿古柏的叛亂歌頌為"反清回民起義"寫入書中,先生非常生氣,認為這是關係維護國家統一的大是大非問題,絕不能站在狹隘的民族主義立場來認識。記得有一次先生

啓功與母親、姑母(前
右)、妻子(前左)合影

給學生上課，一開頭就說：“有人以為‘雜種’是很厲害的
罵人的話，其實卻是中華民族大融合的事實。我祖父是滿
族，外祖母、祖母都是蒙古族，我就是雜種。在座諸位仔
細想想，不僅滿人，即便漢族人，可有純之又純的嗎？”
同學們在笑聲中不但感受到了先生率真的感情，也領會到
了中華民族大融合的歷史趨勢。2002年夏天，我帶兒子回
新疆，第一次去伊犁，在參觀林則徐紀念館時，看到展板
上寫着清代歷任駐守新疆邊防的大臣名單，其中就有先生
外高祖的親屬。回來報告先生，先生十分高興。我幾次去
法國訪問，都專門拜望了寓居巴黎的左宗棠的曾孫左景權

教授，回來向先生談及左教授的景況，説左先生後悔1985年未能應邀到新疆去開會，失去了親臨邊陲憑弔先祖業績的機會。對此，先生也頗為感慨。先生説："左氏經略西北，功過是非至今尚未論定，但'左公柳'生長不息，當是對左公最好的紀念了。"

啓先生幾次從他曾祖父的辭職談及光緒帝的死因。曾祖溥良，光緒末年任禮部尚書，當時慈禧太后因患痢疾而病危，溥良是主管禮儀與祭祀的官員，必須守在慈禧下榻的儀鸞殿外，因而得以親見太監奉老佛爺之命將一碗酸奶（滿語"塌臘"）送往瀛台，命被軟禁在那裏的光緒服用，隨即先宣佈了光緒的死訊，接着宣告慈禧歸天。究竟是怎麼一回事，誰也説不準，誰也不敢説清。為了避禍，溥良在主持哀禮之後，即馬上主動辭去禮部尚書的官職，外放為察哈爾都統了。啓先生説他曾祖居家養老時，曾對孫女恆季華（即先生姑母）講起光緒的死因，尚心有餘悸。姑母在家裏講起此事，在先生兒時的心裏引起極大的震撼。多年之後，先生寫了這樣一首《賀新郎•詠史》詞：

> 古史從頭看。幾千年，興亡成敗，眼花繚亂。多少王侯多少賊，早已全都完蛋。盡成了，灰塵一片。大本糊塗流水帳，電子機，難得從頭算。竟自有，若干卷。　書中人物千千萬。細分來，壽終天命，少於

一半。試問其餘哪裏去？脖子被人切斷。還使勁，斷斷爭辯。簷下飛蚊生自滅，不曾知，何故團團轉。誰參透，這公案。

詞中自然包含了對封建王朝殘酷的宮廷鬥爭的認識，已經從感性上升到理性的高度。

啓功先生是1912年7月26日（農曆六月十三）出生的，其時已是民國元年。清廷滅亡之前，先生的曾祖、祖父都已經居家為民，大家庭已經式微。先生一歲時，父親恆同因病去世，小家庭更是陷入悲苦之境。四歲時，祖父第一回帶他去易縣看望居住在那裏的曾祖。先生回憶說："我記得在離開北京時，我問祖父：'今兒個我幾歲啦？'祖父說：'壬哥啊，你四歲了。'這話我一直清楚地記得。因為我生在壬子年，所以小名就叫壬哥。"此後先生又去過易縣幾次，還學會了說當地的方言。先生十歲時，曾祖在大年三十去世，這也在先生幼小的心靈裏留下了深刻的印記。

先生曾給我講過這樣一件事：1966年夏秋之交"紅衛兵運動"興起之初，在"橫掃一切牛鬼蛇神"的號令下，有人放出話來說北師大的前身輔仁大學原是教會學校，解放前國民黨員多，是"黑窩子"。"小將"們便挨家挨戶去"揪國民黨的殘渣餘孽"，自然也查到先生頭上。先生便對前來的"小將"說："你們問我是不是國民黨員，問得好啊！那時國民黨嫌棄我的出身，認為我是封建王朝的孝子賢孫，根本沒有資格加入，所以從不搭理我。倒是共產黨不嫌棄我，還讓我改造思想，為人民服務。就憑這一條，我

也該感謝共產黨！"幾句話，說得那些鬥志昂揚的"小將"們無話可說，趕緊撤退了。

前些年，世風又為之一變，有些人又開始到處炫耀自己的"高貴血統"了，先生對此頗不以為然。大概是1989年前後，某些熱心人要籌劃舉辦一個"愛新覺羅氏書畫展"，頗有宣揚皇裔貴冑文化修養的意思，當然就來向先生徵集作品。其實，先生早已申明，他出生於民國元年（1912），清朝已經滅亡，他既非遺老遺少，也決不以皇族自居，所以謝絕參與此展，並且寫了兩首詩表明自己的態度，詩題為"族人作書畫，猶以姓氏相矜，徵書同展，拈此辭之"，詩云：

> 閒道烏衣燕，新雛話舊家。誰知王逸少，曾不署琅琊。
> 半臂殘袍袖，何堪共作場。不須呼鮑老，久已自郎當。

前者，先生巧妙地運用了唐人劉禹錫《烏衣巷》詩"舊時王謝堂前燕，飛入尋常百姓家"的典故，表明自己乃"尋常百姓"的身分；而且以"書聖"王羲之並不以"琅琊王氏"自署來勸勉"愛新覺羅氏"族人。後者則化用宋人楊億嘲諷演員舞袖郎當的《傀儡》詩詩意（楊詩云："鮑老當筵笑郭郎，笑他舞袖太郎當。若教鮑老當筵舞，轉教郎當舞袖長。"），自嘲"半臂殘袖""久已郎當"，毫無忝列作場的興趣。無論是身處逆境還是順境，先生都不以姓氏出身相隱諱或標榜，正説明了他自尊自立的人格精神。

還有另一種因素讓啓先生對一些以愛新覺羅氏自居者不以為然。先生幾次提起，1957年他被"派入右"後，有些"愛新覺羅本家"，都離他遠遠的，惟恐沾邊受牽連，有的乾脆不承認與先生有甚麼關係，甚至不承認自己是滿族人。可是80年代之後，政治氣候變了，隨着啓先生在書畫界、學術界名聲大振，認親攀戚者也與日俱增，有的跑來套近乎，有的還到處以先生親屬的名義散佈消息，使先生十分不安。先生説："我一歲失去父親，靠祖父、母親、姑姑撫育成人，也有一些朋友伸出援助之手。我自幸有幾位恩師，而對我影響最大的恩師就是陳老校長。被打成右派後，我和夫人章寶琛相依為命，內弟一家一直對我不錯，使我在章家有棲身立命之處。除此以外，我哪來那麼多的親戚啊？"

其實，啓先生對滿族與中國其他民族的交流與融合十分讚許，對滿族為祖國進步做出的貢獻也充滿了自豪感。1983年5月，啓先生曾隨九三學社中央組織的智力支邊團到西北幾省訪問，所到之處，都熱情頌揚各少數民族對中華文化的巨大貢獻，宣傳民族大團結的重要意義。6月4日，他應邀在烏魯木齊市的自治區政府禮堂作演講，以豐富的事例生動地説明了各民族文化對中華民族傳統文化的形成與發展做出的貢獻，受到聽眾的熱烈歡迎。當時，在烏魯木齊工作的中文系校友，也特地和先生聚會座談。2001 年底，我陪南開大學化工學院的院長關乃佳教授去拜望啓先生，當我介紹關乃佳也是滿族人，屬瓜爾佳氏，現在已經是南開大學年輕有為的女教授時，啓先生格外高興，連連對關乃佳說：“我真為您成為科學家做出貢獻而高興！您為咱們‘品種’也爭了氣啊！”先生和關教授合影留念，眉宇間都溢出真心的歡愉之情。這才是真正的民族自豪感的流露，和那些狹隘的民族情緒及家族觀念是涇渭分明的。

啓先生在北京畫院被打成右派的根本原因，基本上已經在《口述歷史》中講清楚；而畫院那位“左派”領導當時給先生加的罪名，除了對先生評徐燕蓀畫引用“一枝紅杏出牆來”詩句的曲解外，還抓住先生為葉恭綽先生起草的講話稿中對簡化漢字提出的意見，便下結論說：“簡化字是國務院公佈的，反對簡化字就是反對國務院，就是右派！”90 年代中有一陣子“國家語委”下令，限時將北京一些飯店賓館的繁體字匾牌（除國家領導人題寫的外），都要改成簡體字，啓先生所題也在被改之列。我感到十分不解，先生遂告訴我 1957 年時他被扣上的“反對簡化字”這條罪名。啓先生被打成右派後，也被迫寫過檢查。前些年，有人打電話給啓先生：“你 57 年的檢查在我手中，你拿字來換！"先生很平靜地回答："用這個辦法來強要我的字，我不會答應。若你想用此做甚麼文章，悉聽尊便。"先生逝世後，又有人在網上拍賣"啟功1957年10月17日檢查"，實在也是錢迷心竅，毫無道德可言了。

啟功先生經常跟我們談起"派入右"後的"帽子三部曲"：戴帽——摘帽——改正。1959年11月，因為"態度好"，北師大黨組織便宣佈摘掉啟先生頭上的"右派帽子"。其實，本來這"右派言論"的罪名是在北京畫院被加上的，當時連師大中文系的黨組織和許多老師都感到有些奇怪，因為先生一貫和氣、謹慎，從沒有聽說他有甚麼"反黨反社會主義的言論"。（據侯剛老師最近查北京師大有關檔案核實：啟先生1957年在畫院被打成右派，回校後"正式定性"，於"1958年初，被劃為右派分子。按第五類處理，取消中國畫刊編委，九三學社北京市分社委員職務。由四級副教授降為五級副教授。"）啟先生回系裏後，仍和大家和睦相處。所以很快便為他摘了"帽子"。但是，先生對此並未沾沾自喜，而是有十分清醒的認識：摘了"帽子"後的身分是"摘帽右派"（一個偏正結構的詞組），是"敵我矛盾按人民內部矛盾處理"，所以仍然是控制使用的對象。

文革結束之後，1977年先生結束了在中華書局點校《清史稿》的工作回到師大。不久，在胡耀邦的極力推動下，全國掀起落實政策的高潮。1979年元月下旬，在師大黨委為啟先生"改正"之事給北京市委打報告後，中文系黨組織找啟功先生談了一次話，告訴他："經全面覆查，你

沒有反黨反社會主義的右派言行，因此予以改正。"當時又有了一個新名詞："改正右派"（仍然是偏正詞組，主要成分還是"右派"）。因為文革時期曾流傳着一句名言——"帽子拿在羣眾手裏"，潛台詞是"如果你不老實，隨時再可以給你扣上"（師大的"改正報告"中即還有"發動本單位羣眾討論"的字句）。帽子的三部曲仍可以循環往復，照常進行。所以，先生對此還是心有餘悸的。在這之前，早啓先生一步"改正右派"的傅璇琮先生給先生寫了兩封信，告訴先生自己的問題已解決，並轉去山東大學王仲犖教授的一封信，對啓先生是否落實政策表示關切。先生過若干天後回函，披露了自己"轉以喜極而無言"的心境，信中有這樣兩段話：

> 春節前，弟系領導來，告以弟事亦解決，"沒有右派言論"，予以改正。校黨委已批准，由弟簽字後呈報市委，批下即算生效。待遇由五級恢復為四級。地厚天高，雷霆雨露，轉覺綿薄無可報稱耳。憑空忽添三十元，書店、畫店、碑帖店均無物可售。血壓過高，已不敢飲酒，身老體衰，更無復溫柔鄉可住。如所補過多，則只有捐獻以供現代化之需矣。

> "年壽有時而盡，榮樂止乎其身，二者必至之常期，未若文章之無窮"。曹子桓之語，最為坦率，亦真理也。尚望時賜策勵，以為四化添磚添瓦，添螺絲釘也。

從1957年到1979年，從四十五歲的盛年到接近古稀，一生中最有精力、最能出成果的二十多年被"雷霆"震碎，現在雖喜沐"雨露"陽光，卻不但已身老體衰，而且最關心自己的母親、姑姑、妻子，恩重如山的陳垣老校長都已撒手塵寰，再也見不到今天的撥亂反正，啓先生心裏的酸楚實在是難以傾訴的。儘管如此，啓先生仍在信中通過引用曹丕《典論•論文》的句子，表達了要抓緊時間從事學術著述，為祖國四化建設多做貢獻的願望。

許多人即便是知道一點啓功先生的經歷，對他樂觀、達觀精神的理解也往往是很表面的，以為多半是天生的性格使然。這二十多年來，我與先生相處久了，幾乎無話不談，才逐漸認識到這種精神既來自生活的磨礪，更源於對自身、對人生、對周圍事物乃至整個世界的正確認識。正如前面所述先生對我說："我內心的痛苦，又有誰知曉呢？"我在受到極大的震撼之餘，逐漸地認識到：一位達觀的智者，他的內心世界是最豐富的，在喜怒哀樂的衝擊下，在是非情感激盪的浪潮裏，百感交集，千折不回，方能創造出通達明澈的心境。啓先生有一首《踏莎行》詞，是他自題於照片背面的：

昔日孩提，如今老大。年年攝影牆頭掛。看來究竟我為誰，千差萬別堪驚詫。　　貌自多般，像惟一霎。故吾從此全拋下。開門撒手逐風飛，由人頂禮由人罵。

這笑罵由人的灑脫不是從天上掉下來的，細細體味，先生
在強調人生"千差萬別"的"多般"變化之後，表達了正
確、客觀、辯證地評價人生的深刻哲理。

師恩難忘

4 師恩難忘

啓功先生童年時接受的是家庭與私塾的教育，打下了良好的家學修養與國學基礎。因家境困難，他到十二歲時才插班進入北京匯文學校的附屬小學念書，十四歲升入位於崇文門內船板胡同的匯文中學。先生曾多次對我說起，他雖然在匯文中學讀了五年，卻沒有畢業便輟學了，原因有三：一是想早點工作，減輕母親與姑姑的負擔；二是原先沒有學過英語和數學，學得吃力，又無興趣，考不及格也不想再補考了；三是當時課下正師從戴姜福先生學古文，興趣甚濃，乾脆肄業以集中精力。我記得好像是1991年春，匯文中學要舉行建校110周年的校慶活動，想請啓功先生做"校友嘉賓"參加慶典"光臨指導"，先生趕忙謝絕，說："我很慚愧沒有拿到匯文中學的畢業證，不夠資格，你們還是請校友鄧力羣先生吧！"這當然是先生的謙虛與風趣，而實際上，當時啓功的作文水平得到全年級同學公認，匯文高中商科1931級的級史即是他所作。茲錄該級史全文如下（新式標點係作者所加）：

唯歲在上章敦牂元英之際，匯文學校辛未年刊，剞劂在即，高級三年徵記，爰為是文。曰：大哉庠序之教也！三代以還，雖時危世替，未見廢弛。蓋美俗之成，惟賴起士表率；英才之育，尤為國政導源。然小學始教，要在廣施；而大學專攻，非能遍及。是以進德之基，深造之本，捨中學其焉歸？入學既久，效已可睹，成茲九仞之山，端為一簣之積，則高級三年，誠難忽視也。故於教則三育並施；於學則四維互勵。教學相長，頗有可述者焉。若夫頤志典墳，馳情詞賦，經史子集，追緬古人，溝通萬國，迻譯殊音，每有佳章妙制，莫不丰采彬彬，嘉名所繫，首屬乎文。至若新進文明，物質是尚，駸駸列強，恃此而振。藉彼流傳，補我放失。執柯伐柯，取則不遠。故今日窮理之學，尤為當世所望。至於商科，貨殖是究。鴟夷用越，陽翟得秦。誰曰居積可鄙，庶與管仲同功。東西志士，強國有計。妙策所由，端為經濟。功也不才，忝參一席。竊希孟子之言，通功易事；逃名域中，了無高冀。此三科中，數十百人，奇才傑出者，不可勝計，而成績因之斐然可觀矣。每見課餘之暇，三五相聚於藏書之室，切磋琢磨，同德共勉，為五年率，攘攘熙熙。相觀而善，暇則或為制陳當務之文，或作堅白縱橫之辯，或出滑稽梯突之言，或好嬉笑怒罵之論，往往有微旨深意，寓於其間。凡此四者，求之刊誌，高級三年，亦備之矣。而體育一端，尤甚精進，於此季中，報記口傳，有碑載道，凡彼高才，眾人共識，何勞鄙人再為縷贅哉！或曰：方今世之學校也，頹風陋習，多失教育之本旨者，子校其有之乎？予曰：何謂也？曰：予聞今之治學者，唯利是

趨，唯弊是營。歲月忽忽，而泄泄以誤少年；父兄諄諄，而藐藐以負重託。作怪民為先導，聽眾論如蠅聲。遂過失而助之長，見善舉而損其成。營飾其表，意在多金之獲；支離其說，專蔽善性之明。教者吝延飽學，濫竽皆為奇貨；學者不欽正道，紈綺猶是高風。甚者日高堅臥，謬託南陽之士；月明走馬，公為濮上之行。酒食爭逐以為長，歌舞倡和以為課。競習頑強，雅名磊落。翻覆算權謀，陰險能蠱惑，羣兒善訟，舉國若狂，傲逸盤遊，詬遺逍遁。教育之弊，乃若是乎？予笑而應之，曰：君將為今學之董狐耶？前所云云，亦或不謬，然吾校固無是也。惟勉欽明德，期我全人共奮圖之。啟功拜志。

由此文可見當時身為中學生的啟功的文學修養，及對新式學科教育利弊的清醒認識，也看出他對母校良好學風的推崇。

啟功先生對學生時代的師友，一直懷有深厚的感情，幾十年之後，他還常常回憶起一些老師講課的情景，描述某某同學的聲容笑貌。至於能與有的老同學半個多世紀後重逢，先生認為那是人生最快樂的事了。當然，先生常念於口、繫於心的，還是他所崇敬的幾位恩師。從先生15歲那年正式拜賈羲民先生為師學習繪畫開始，他先後師從的老師還有吳鏡汀、戴綏之（姜福）、溥心畬、齊白石等；而

令先生最銘感於心的，當然首推我們北師大的老校長陳垣（援庵）先生。師恩難忘。緬懷這些老師的文字，詳見先生的《口述歷史》與一些紀念文章；先生將義賣書畫作品的收入，以陳校長的書齋名設立"勵耘獎學助學基金"的事蹟，也早已在學界傳為佳話。這些本來都無須我再來贅述，但是因為還有一些並不準確的傳言，所以我在這裏要作些補充說明。

　　為募集"勵耘獎學助學基金"，1990年年底，榮智健等先生幫助啟先生在香港舉辦書畫義賣展。當時榮寶齋（香港）有限公司內部印行了一冊《啟功書畫展留影》，啟先生親撰此書前言，對辦展募款設立基金的過程有詳細的說明，足以攻破後來的種種流言蜚語。因此文未公開發表，亦未收入《啟功叢稿》，故在此徵引全文如下：

　　三年前一個夜晚，幾位摯友在我家偶然談起為先師勵耘書屋主人陳垣先生募集獎學助學基金事，我想以拙作書畫作為向贊助人奉呈的紀念品，他們都非常贊同，並表示鼓勵，願予以大力協助。

　　當時香港霍英東博士由於關心祖國文化教育事業，慨然捐贈鉅款，為我們北京師範大學建起專供教學的大樓。最近已經建成，署額為"英東教育樓"。霍博士為酬勞我校為建樓盡力的一行有關同仁，特邀到港參觀、休養，我也在被邀之列。因乘便將拙書一百件、拙畫十件隨攜到港，作一展覽。

　　今年夏日，我因事到港，首先遇到老朋友榮智健先生，蒙他多方熱情款待，並談到募集基金的事，承他提示辦理方案，並予以具體贊助。同時榮寶齋香港公司的顧問王大山先生慨然承擔一切從介紹、經管到佈置、收支諸般展出事務。這時前後，還有許多位在港的新舊相識好友，無不願大力支援，共襄義舉。不及備列芳名，只好在此統表衷心的謝忱！至於霍英東博士對祖國、我校及此項義舉的盛情，更是難以盡述的。

　　這次展覽，首先是為求教。賤齒雖然日增，但還希望有所長進。這些拙作，如承方家指教，我所受益，已是無限的。至於各方友好贊助基金，我奉呈的拙作，只是紀念性的微物。筆墨所值，輕等微塵；而贊助高誼，重同山嶽。有友喜向我稱"你的書畫行情"

陳垣與得意門生啓功、劉乃和、柴德賡（右）

如何如何，不但使我慚愧萬分，也實在不符合實際性
質的。

　　最後應該再提一次的，是榮寶齋香港公司鑒於這
次募捐所得，啓功既全數獻作教育事業上的基金，北
京師範大學也表示決不另作他項使用，因而也慨然不
收任何手續費用。特此謹向這次分神助力的各位同
仁，表示至誠的感謝！

　　　　　　　　　公元一九九零年十一月，啓功謹識

　啓功先生曾多次向我訴說，在他從中學生到大學教授
的成長過程中，老校長起到的三大關鍵作用——第一，不
以"學歷"度人，而以真才實學用人。啓功先生雖然連高中

畢業文憑都未拿到，但經大學者傅增湘先生推薦，又實際考察後得出"啓功寫作俱佳"的結論，陳校長便破格聘他為中學、大學教師。事實證明這是有眼光之舉。第二，身傳言教，教他如何立身做人、怎樣教書育人。在民族危亡的關鍵時刻，老校長大義凜然，發揚愛國精神，教導啓功先生堅守教育陣地，弘揚優秀傳統文化。在課堂教學上，老校長親自示範，開導啓功先生掌握與運用最重要的基本原則與方法，先生從而成為最受學生歡迎與擁戴的老師。第三，老校長在文革浩劫最困難的時期，仍寄希望於未來，不忘指點治學門徑，鼓勵啓功先生總結治學心得，撰寫學術著作。立德、立身、立言，三者不可或缺。於是，先生歷盡磨難不氣餒，雖九死而猶未悔，使我們看到了一位在繁重的體力勞動之餘仍在教學生書法的啓功，看到了一位在陋室病榻的昏暗燈光下探索漢語現象規律與詩文聲律奧秘的啓功，看到了一位樂觀、通達、勤奮的啓功！

啓功先生在談話和文章裏多次強調：從 1934 年 9 月安排他到輔仁教中學生開始，陳垣老校長叮囑他最多的是作為教學原則的"上課須知"——實際上也是基本的"為師之道"。在 70 年的教師生涯裏，啓先生始終把它們視作教書育人的靈魂而忠實貫徹。幾十年中我自己所親歷的許許多多事情，都讓我親身體會到啓功先生對陳垣老校長的教導是銘記在心，努力去實踐的。

2001年，為了紀念老校長逝世30周年，我的學友、時任北師大廣東省校友會會長的呂伯濤同學向啓功先生報告：要為老校長在師大校園和新會家鄉豎立塑像。先生聽了非常高興，當即表示他要親自撰寫塑像贊文。當時，先生眼睛的黃斑病變已日趨嚴重，視力模糊，無法揮毫寫毛筆字。一天，先生給我打電話說："老校長像贊已經寫得，你快點來取，用傳真給伯濤發過去。"我趕到紅六樓先生家中，先生取出一個大信封，上面寫着"陳垣校長遺像碑文"；又從信封裏取出兩頁用硬筆寫滿字的稿紙——正是我請人為他印的專用大格子稿紙，第一頁首行寫着："陳垣校長遺像傳贊 受業啓功敬撰"，全文如下：

陳垣（1880—1971）字援庵，廣東新會人。清末廩生，見清政腐敗，有革命思想。曾擬學法律，見當時時疫流行，憤志學醫，創辦光華醫學校，同時創辦報刊，宣傳革命。後在北京辦平民中學，並以革命報人身分當選眾議院議員，復任教育部次長，又以次長代總長。其後歷任北京大學及燕京大學研究所國學門導師。英華先生創辦輔仁大學，被聘為校長。解放後為更多更專貫徹教育事業加入中國共產黨。院系調整後仍任北京師範大學校長以至病故。贊曰：清季生員，志存革命。學法學醫，教育為重。面向標杆，史學居前。億萬青年，品學當先。夙興夜寐，苦其心志。身處洪流，不顛不躓。世紀新天，師大百年。勵耘教澤，永世綿延。

除修改的文字部分，其他字都盡量工整地寫在格子之內。在第二頁稿紙背面，先生還親自手繪了陳校長像碑的示意圖與落款格式。可見先生為此所付出的心血。

　　關於戴姜福先生，我在此還要補充一點。啟功先生曾多次談到不僅自己的古文功底得益於戴姜福老師的教導，而且一生的學術探究與教學都受到戴老師獨具個性的學術思想與因材施教的教學方法的影響。記得有一次我陪法國漢學家戴廷傑先生（Pierre-Henri Durand）去看望啟先生，我講到戴廷傑先生正在編撰《戴名世年譜》，而戴先生提及安徽桐城新發現的《戴氏宗譜》中有《南山公傳》，敍及因戴名世"居南山，人又號之曰'南山先生'"。啟先生沉吟片刻說："我的老師戴綏之先生是江蘇吳縣人，可他別號'山枝'，看來很可能也是南山支系，因避禍而移居的。"我原先覺得這可能只是推測，尚需旁證。啟先生去世後，我協助景懷為先生收藏的制藝類書籍編目，發現其中有戴姜福先生所著《大學直說》、《論語類編》的合刻本，書首即刊有民國時掛名"內務部主事"的曹岳峻撰寫的戴氏生平事略狀，上面明確提及戴氏原籍"系為皖之休寧"。休寧為清前期大文字學家戴震故里，應與戴名世先祖同為徽州婺源戴氏之後；又休寧緊臨黃山，綏之別號"山枝"，可謂一語雙關。北伐戰爭後，戴姜福先生在北京教趙爾豐和曹夔

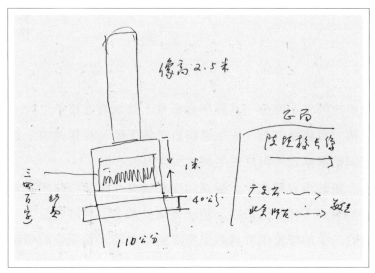

啓功手繪陳垣塑像示意草圖

一兩家的孫輩趙守儼、曹岳峻讀書。曹岳峻在內務部掛的是閒職，有時間跟戴先生讀古文；而啓先生則因喜愛古文，也在匯文下課後到曹家"附讀"。曹岳峻寫戴先生生平事略，肯定有所依據，也許是曹岳峻祖父輩所述或戴老師親口所講，啓先生當時雖不一定知道，但後來收藏此書，一定讀過這篇生平事略狀，應該是有印象的。這次編目時，發現了啓先生還一直收藏着戴姜福先生校錄的《諧聲譜》，可見他對這位古文老師的感念。

先生在輔仁教學期間，與同事及學生的關係都很和諧。他曾講自己最早結識的輔仁教員，是大自己十歲的臺靜農與大自己四歲的牟潤孫二位先生。有關他和這兩位先生的交往，需略作些補充。

　　臺靜農先生，是1929年秋輔仁大學建校之初即被陳垣校長聘為講師的；啓先生1934年入輔仁中學教書，因脾氣與愛好相投而成為摯友，過往甚密。而臺靜農先生在《北平輔仁舊事》一文中講他於九一八事變次年就離開輔仁南下，"從此離開了輔大"。據他發表的簡歷講是1932年12月離開的，那麼，啓先生和他相識，當在啓先生進輔仁之前。1984年，他在《有關西山逸士二三事》一文中回憶説：30年代中他到恭王府後花園去參加溥心畬先生的賞西府海棠聚會，正是"由吾友啓元白兄陪我們幾個朋友去的"（見《龍坡雜文》，生活・讀書・新知三聯書店，2002年，第81頁）。似可為證。而臺先生離開輔仁後，二人仍常有來往。啓先生也曾經在文章中提及抗戰爆發後，他和其他幾位朋友到車站送臺先生的情景。1987年，臺先生又在《始經喪亂》一文中記述：盧溝橋事變後二十幾天，日軍進入北京城，某日"中午我與苑北兄同醉在魏建功家，苑北擅書畫，信筆為我畫了一幅荒城寒鴉圖，象徵了這一歷史古都的劫運。今已事隔半世紀，偶一展視，當年國亡之痛猶依稀於蕭疏澹墨中。"（《龍坡雜文》，第112頁。）苑北者，即啓功先生之號也，與先生之字"元白"諧音。

　　1946年臺先生應邀赴臺灣大學任教，兩位老友遂天各一方，難通音問。1989年8月，啓功先生的部分詩作編為

《啓功韻語》在北京師大出版社出版，就託一位赴臺的朋友帶給臺靜農先生。臺先生看了這些詩，高興地說："他還是那麼淘氣啊！"臺先生特地臨寫了蘇東坡的《黃州寒食詩》二首託朋友送交啓功先生，並跋曰："東坡此書，去年私家以鉅金歸故宮博物院，試臨一過即奉苑北吾兄存念。歲值蒼龍，靜者八十七矣，昏眊如在霧中落筆。"蘇詩抒客居悲情，中有"墳墓在萬里"之歎；啓功先生讀了，深以為憂。後又在卷後題詩一首云：

> 剚犀筆勢倪鴻寶，踵武才學臺龍坡。
> 寫得眉山絕世句，虹光騰上九霄多。

並跋曰："靜翁書直逼晚明諸賢，沉雄鬱勃，尤近倪鴻寶，好寫前代名句，所選皆意致精深，何啻六經注我，拈於卷尾，寧負豐干之過。啓功敬識。"第二年春天，因病住院的臺先生又託友人帶給啓先生他新出版的論文集、法書集等，題字落款均寫的是"永念"；啓先生看了，知道臺先生病情沉重，感覺心裏沉甸甸的，好似壓了大石頭。啓先生遂又在臺先生所書杜甫《秋興八首》長卷後題七絕一首：

> 杜陵鄉思繫孤舟，秋菊何時插滿頭。
> 識得中華天地大，海堧一寸亦神州！

先生對友人鄉思的理解與慰藉，對神州一統之期盼，躍然紙上。

　　1990年6月，啓功先生到香港訪問，經許禮平先生與臺北的一位陳姓書法篆刻家聯繫，在6月7日那一天，終於撥通了臺靜農先生的電話，兩位大師急切地互訴思念之情，當時情景催人淚下。時隔多日，啓先生回到北京後，還多次對我說："臺先生末了在電話中喊：你快點來吧，再晚就見不着了！"言語中閃爍着淚光。先生講：聽電話中臺先生的聲音氣力尚足，祈盼能夠恢復。第二年，為慶臺翁九十大壽，香港《名家翰墨》月刊要在12月推出"臺靜農·啓功專號"，啓先生為此在10月間撰寫了《平生風義兼師友》一文，抒寫兩人的友情，並祈願龍坡翁"疾病速癒，福壽綿長"。不料就在11月9日，正當專號付印之際，臺先生卻駕鶴西行了！兩岸阻隔，使四十多年前的別離成為永訣，情何以堪！

眾所周知，啓功先生對臺灣寶島感情深摯。先生因書畫鑒定與創作的功力，年輕時即被故宮博物院聘為專門委員，故宮珍藏的古代書畫經眼甚多，猶如熟識的老朋友一般，一日不見，如隔三秋。1949年後，因有許多書畫已被運到臺灣，數十載無緣再見，自然思念不已。1980年中秋節的賞月晚會上，先生曾當場賦《懷臺灣同胞》七絕一首，揮毫成幅，贈給臺灣友人。

啓先生在臺灣的師友，除臺靜農先生外，還有鄭騫（因百）先生，是啓功先生讀匯文中學時的老師，長啓先生

啓功在香港與臺靜農通電話
（1990-6-7）

六歲；王靜芝先生，是啓先生教輔仁大學大一國文時結識
的學生，祇小啓先生四歲。啓先生平時聊天，常常充滿感
情地提起這些師友。我記得大概是在1982年吧，有一次我
到師大去看望啓先生，剛進先生家門，他便招呼我說：
"我給你看一樣東西。"說着，就進裏屋拿出一幀大照片
來。我一瞧，正是美髯公張大千先生彩色的標準像。先生
高興地說："大千先生還記得我，特地題了字託人帶來
的。"第二年春天，傳來大千先生去世的消息。大約正在
此時，四川要召開蘇軾學術研討會，我們書局文學編輯室
的劉尚榮先生赴會前，託我請啓功先生為會議題詞，先生

不假思索便揮筆寫下六言四句：

> 香山不辭世故，青蓮肯溷江湖。
> 天仙地仙太俗，真人惟我髯蘇。

我記得很清楚，當時此贊並不是題寫在蘇軾的畫像上的，可後來編入《啓功韻語》時，冠題為《東坡像贊》，是否也和大千先生的那幀照片有關，包含了對這位大鬍子朋友的讚美呢？後來，就有了臺灣故宮博物院秦孝儀院長來函邀請啓功先生訪臺之事。因先生已年邁八旬，訪臺要在香港中轉，又必須到中華旅行社排隊辦換證等手續，令老弱病殘者不勝體力，所以許多人都勸先生緩行，當時先生卻因有機會再睹故宮書畫珍品及和新朋老友會面而十分興奮，認為有內侄章景懷陪同應該沒有問題，所以積極辦理相關手續，準備行裝。不料由於臺灣人為的因素，臺北來了一紙公函，告知："章景懷訪臺不被批准。"章景懷作為先生家屬，又無任何"政治背景"，不被批准實在莫名其妙，分明是有人為啓功先生訪臺設置障礙。事後，秦孝儀院長來電致歉，晚年的啓功先生為此抱憾不已，臺灣寶島也失去了一次親近國學與書畫大師的機會。

另如牟潤孫先生，當年既是和啓先生一道去參加西府海棠聚會的好友，也是同在輔仁任教的陳老校長的得意門

骨肉不擭歲屬經團圞佳節

信同情今秋大地新更化天際冰輪不分明

一九八〇年中秋奉懷

臺灣同胞　啓功并書

啓功所作《中秋懷臺灣同胞》詩（1980）

62

生。啓先生很欽佩他有俠義風度。臺先生因左傾，抗日被日本憲兵關押時，他一大早先趕到啓先生住處關照啓先生別去臺家，以免被特務盯上。當時啓先生剛起牀，正在刷牙。而牟先生自己卻不顧危險去探望臺先生。牟先生後來到香港任教，也曾擔任過全國政協委員。1982年春，啓先生訪問香港，在相隔三十多年後，先生得以與老友牟先生"重晤於香江"，曾喜而賦詩二首。詩云：

> 早歲虯髯意氣豪，市樓談吐靜羣囂。
> 卅年屐履回塵跡，一帙文章壓海濤。
>
> 把臂國門頭共白，捫膺時事目無蒿。
> 勵耘著籍人餘幾？敢附青雲效羽毛！

既高度讚許了牟先生的風度與文章，也表達了對著籍陳垣校長門下諸友的深切懷念。牟先生經學造詣很深，我們當研究生時，啓先生還專門請他來為我們講課。聽說牟先生晚年因一筆退休金被騙失，在香港的生活比較清苦，啓先生曾幾次託人捎去港幣，表示對老友的關切之情。牟先生去世後不久，有一天我陪啓先生到位於西四的同和居吃飯，碰見牟老的弟弟牟小東先生，小東先生見了啓先生號啕大哭，啓先生默然無言。待小東先生離開，啓先生感慨地對我說："死後慟哭已與死者無益，要在生前善待該有多好！”善待親友，善待師生，善待自己並不相識而有求於己者，乃至善待有過錯而尚有改正之心者，這就是啓先生做人的一條準則。

有些看了《口述歷史》中關於柴德賡先生回憶文字的讀者，感覺字裏行間彷彿流露出啓先生對德賡先生的有微詞貶義。這恐怕是因記錄整理的誤差造成的誤解。啓功先生對同是陳老校長得意弟子的柴德賡、劉乃和先生均有深厚的感情。劉乃和教授為學術貢獻一生，老年始組織家庭轉而離異，啓先生雖當面説其“自找煩惱”，而背地裏卻常為她的“過於天真”而歎息。我從未聽見啓先生講過他和柴德賡先生有甚麼芥蒂。1983 年 8 月，我在蘭州參加敦煌學術研討會，有一天午餐時，趙儷生教授將我叫到一旁，問我是否柴德賡先生的公子，我説不是，很遺憾也沒有見過德賡先生。回京後，我將此事稟告啓先生，先生感慨地對我説：“因為你和德賡都是浙江人，趙先生念及友人，故有此問。柴先生是老校長最看重和喜歡的學生，也是我的好友。他為人真率，後來被排擠出師大到蘇州任教，文革中又慘遭迫害，後來卻因被宣佈‘解放’，過於激動而猝死，實在是可惜呀！”後來啓先生也曾多次談到對德賡先生的懷念。柴德賡先生早在 30 年代末、40 年代初就曾幾次賦詩高度讚揚啓先生在書畫創作與碑帖研究上的成就，如：

> 獨羨啓侯筆墨新，疏林怪石自精神。
> 若從藝苑論功力，畫外倪黃有幾人！

據王靜芝先生回憶，他在輔仁國文系一年級上學時，

就是經由柴德賡先生介紹才成為啓先生的書畫弟子的。啓先生也曾在《次韻青峰吳門見懷之作》一詩中將自己和青峰（柴德賡之字）的關係比作唐代的元（稹）、白（居易），並稱道柴的著作可藏之名山，期盼"何日靈巖陪臘屐，楓江春水鑒鷗盟。"這是先生難忘師恩、珍重同門友情最好的證明。

夫妻情深

5

夫妻情深

　　啓功先生與夫人章寶琛恩愛情深，早已在社會上傳為佳話，為人稱道，這在《口述歷史》中也有不少敍說。我在師大中文系讀本科時不可能有機會去拜望師母，而1978年考研究生回系裏時，師母已仙逝三年多了，無緣得見慈顏。但我在啓先生身邊，卻常常能感受到他對愛妻的深情懷念。三十年來，啓先生時時刻刻體現出的對夫人的真情摯愛，始終使我感覺到師母並未逝去，而是一直在關注着先生一點一滴的生活。

　　南開大學著名教授來新夏先生是啓功先生40年代初在輔仁大學教過的老學生，他曾在2005年5月4日發表於《老年時報》的一篇短文中這樣描述過師母：

　　元白先生和夫人數十年夫妻間感情甚篤，真稱得上是相濡以沫。啓師母是位非常賢淑的女性，終日默默不語地侍奉老人，操勞家務，對元白先生的照顧尤

啟功與趙樸初

痛心篇
先妻諱寶琛姓章佳氏長功二
歲年二十三與功結褵一九七一年春
病氣始一九七四年冬漸病纏綿
百日竟於不起時為一九七五年夏
歷花朝前夕是為誕生第六十
六年初逾六十四周歲也
結婚四十年從來無吵鬧白頭老
夫妻相愛如年少
先母撫孤兒備歷辛苦曾聞與
婦言似我親生女
相依四十年半貧半病雖然

兩人只有一條命
我飯美且精你衣縫又補我騰錢
買書你甘心吃苦
今日你先死此事壞心好免得我死
時把你急壞了
枯骨八寶山孤魂小乘巷你再持
兩年咱們一塊葬
強地松激素居然救命星肝炎
黃胆瀍起死得回生
慈苦詩常易歡愉語美工老妻
真病愈高唱樂品窮
一九七一年秋作一時而起
骨共讚誦詩且哭且笑

啟功《痛心篇》（開頭部分）抄本

68

為周到，説她無微不至，極為恰當。她對學生也都優禮有加，從沒有師母架子，有時還給我們倒杯茶水。我們都心中不安而遜謝不遑，但啓師母僅僅微微表示一絲笑意。啓師母在我們師生間交談時從不參與和插言，即使元白先生有時對師母開個小玩笑，想把她拉進談話圈裏來，師母也只是報之以微笑。

來先生對我講他已記不清吃過多少頓師母親自做的飯，常常雖是粗茶便餐，依然十分可口，也足見她的賢慧與對啓先生的體貼之情。

有一次，趙樸初居士在西四廣濟寺請剛病癒出院的啓功先生吃齋飯，我叨陪末座。樸老談起詩詞創作，語重心長地對我説：“你的老師了不起啊，要收集保護好他的作品，不要像我似的，不少找不着了！”他又説：“啓功先生最感人的作品是他的《痛心篇》。”

《痛心篇》，是啓功先生 1971 — 1975 年在妻子章寶琛病重時與逝世後所作，共二十首，可謂字字血淚、句句情真意切。茲錄其中幾首：

結婚四十年，從來無吵鬧。白頭老夫妻，相愛如年少。

相依四十年，半貧半多病。雖然兩個人，只有一條命。

今日你先死，此事壞亦好。免得我死時，把你急壞了。

枯骨八寶山，孤魂小乘巷。你且待兩年，咱們一處葬。

老妻病榻苦呻吟，寸截回腸粉碎心。
四十二年輕易過，如今始解惜分陰。

君今撒手一身輕，剩我拖泥帶水行。
不管靈魂有無有，此心終不負雙星。

只有肉心一顆，每日尖刀碎割。
難逢司命天神，懇求我死她活。

爹爹久已長眠，姐姐今又千古。
未知我骨成灰，能否共斯培土。
（先胞姑諱季華，不嫁，與先母同撫功成立，卒葬八寶山
公墓，先妻骨灰即埋於穴旁，功自幼呼胞姑為爹。）

1977年，先生的好友唐長孺教授讀了《痛心篇》後，稱“沉
摯淒惻，感不絕於予心”，因賦《一萼紅》詞，下闋有這樣
幾句：“曾記戲言身後，願雙棲共命，白首同歸。病枕低
呻，風燈絮語，窺戶星月能知。”唐先生詞中所說“戲
言”，是指師母病重之時，曾對先生說她身後一定會有人
為先生找對象，先生遂立下“賭贏”誓言。實際上，從70
年代末起，確有不少好心人來勸先生續弦的，都被先生一
一回絕了。記得有一次，有位香港來的客人到小乘巷拜
訪，走時先生讓我送他，走出門口，客人對我說：“勸勸
你老師再找一位夫人嘛！”我將此話轉告先生，他笑着
說：“此事須有兩大基礎，一是精神基礎（感情），二是物
質基礎（身體），這兩條我都沒有，所以鐵了心。”先生看
重的是與夫人共患難四十多年的深摯情意，而且是永生永

世都不能變移的。若再找一個沒有感情基礎的，反而自己失去了精神的慰藉，弄不好對方看重的又是別的東西（如金錢、地位），那如何相伴？只能是變"伴"為"絆"而自討苦吃了。有時，先生會用友人中續弦而並不幸福的例子來證實自己的觀點；有時，先生也用調侃的方式來謝絕友人的好意。如有一次，有人要給先生介紹某一位著名的曲藝演員，並說那位曲藝家對先生也頗有好感。先生便說："您看我這裏已經賓客盈門，再來一位唱鼓書的，那就要熱鬧得天翻地覆了！"引得大家哈哈一樂，此事也就作罷了。

"心放不開難似鐵，淚收能盡定成河。"這是啓先生在夫人去世的次年所寫的《對酒》詩中的兩句。師母故去二十多年來，啓功先生不但信守諾言，而且常把自己的刻骨銘心的思念，寄託在詩詞創作之中。1981年初上元之夜，先生對着故妻用過的鏡奩，寫下了這樣感人的詩句：

> 歲華五易又如今。病榻徒勞惜寸陰。稍慰別來無大過，失驚俸入有餘金。江河血淚風霜骨，貧賤夫妻患難心。塵土鏡奩誰誤啓，滿頭白髮一沉吟。

先生痛感在妻子最需要有錢治病時卻舉家貧賤，而現在妻子已亡，有了"餘金"又有何用？先生將義賣書畫所得160多萬元鉅款悉數捐出，設立"勵耘獎學助學基金"，以報答自己的恩師陳垣先生；而對自己的妻子，則只有在心底紀

《夜中不寐》詩墨跡

念。我聽説師母逝世時，啓先生的銀行存摺上只剩下了一元餘額。先生一直保存着這個一元錢的存摺，不再存錢進去。80年代以來，先生的收入增加了許多，可先生卻毫無欣喜之意。一天深夜，先生寫下了沉痛至極的《夜中不寐，傾篋數錢有作》：

> 鈔幣傾來片片真，未亡人用不須焚。一家數米擔憂慣，此日攤錢卻厭頻。酒釀花濃行已老，天高地厚報無門。吟成七字誰相和，付與寒空雁一羣。

困難歲月，啓先生一家人數米度日，無錢治病，想來都令人心痛。先生很少在我們面前談過去的家事，稱之為"不願溫習煩惱"。他常常帶給大家歡笑與溫暖，卻是將個人的痛苦深埋心中，在深夜獨自傾訴，"剩深宵，自炷心香，淚滴檀灰"（啓功《高陽臺·自懺》）。我們知道他多年來患有失眠症，一般上午忙於待客，下午"眯一會兒"，晚上再看書作文，或是用詩詞來傾訴自己的感情。這一首寫中夜數錢的詩，當是令人心酸的一例。我曾將自己對此詩的上述感受寫進文章之中，啓先生看後，在2003年7月8日給我的信中說"真使不佞感不絕於下懷"。

先生把自己在妻子面前講的"賭贏戲言"看做是立下的"軍令狀",矢志不忘,於是便有了無論是在內容還是形式上都堪稱空前絕後的古體詩《賭贏歌》。這首詩共32句近500字,以每句9—28字不等的通俗流暢的雜言寫成,亦作於1989年冬因心臟病突發在醫院搶救之時。正是"危難時刻見真情",先生自身處於醫院急救室治療過程,心卻已進入到與老妻賭贏的情景之中。詩的前8句寫妻子生前的打賭情景,次12句描述妻子去世後他謝絕種種介紹對象的熱鬧場景,中間6句寫他被醫生搶救的情況,最後6句寫他因贏賭而使老妻勾銷了"軍令狀",寫得格外奇特。茲引錄全詩如下:

　　老妻昔日與我戲言身後況,自稱她死一定有人為我找對象。我笑老朽如斯那會有人傻且瘋,妻言你如不信可以賭下輸贏帳。我說將來萬一你輸賭債怎生還,她說自信必贏且不需償人世金錢塵土樣。何期辯論未了她先行,似乎一手壓在永難揭開的寶盒上。從茲疏親近友紛紛來,介紹天仙地鬼齊家治國舉世無雙女巧匠。何詞可答熱情洋溢良媒言,但說感情物質金錢生理一無基礎只賸鬢眉男子相。媒疑何能基礎半毫無,答以有基無礎棟折樑摧樓閣千層夷為平地空而曠。勸言且理庖廚職同傭保相扶相伴又何妨,再答伴填写诊单报病危。小车直向病房推。鼻腔养气徐徐送，脉管糖浆滴滴垂。心测功能粘小饼，胃增销化灌稀糜。遥闻低语还阳了，游戏人间又一回。

《谐有平读，此首见入隐戏人诸韵，以其时实不能检韵书矣。方家赐阅，幸揭过之。

赌赢歌 补辑一九九九年冬作

老妻昔日与我戏言身後况。自称她死一定有人为我找对象。我笑老朽如斯那会有人 七七

傻且疯，妻言你如不作可以赌下输赢帐。我说将来万一你输赌债怎生还，她说自作必赢且不需偿人世金钱尘土样。何期辩论未了她先行，似乎一手压在永难揭开的宝盒上。从兹跻亲近友纷纷来，介绍天仙地鬼斋家治国举世无双女巧匠。何词可答热情洋溢良媒言，但说感情物质金钱生理一无基础只膛髯眉男子相。媒疑何能基础虽

毫无，吾以有基无础栋折榱摧楼阁千层夷为平地空而旷。劝亡且理庖厨职同备保相扶相伴脚又何妨，再吾伴字人旁如果成缘只堪伴脚不堪扶头我公是否能保障。更有好事风闻吾家斗室似添人，排阖直冲但见双床已成单榻无帷帏。天长日久热气渐冷声渐稀，十有余年耳根清净终无恙。昨朝小疾诊疗忽然见问题，血管堵塞行将影响全 七八

心脏。立呼担架速交医院抢救细检查，八人共擡前无响尺上无算片过路穿街瞭盘儿槓。诊疗多方臂上悬瓶鼻中塞管胸前牵线日夜监测心电图，其苦不在侧灌流餐而在仰排便弱遗臭虽然不盈万年亦足满一炕。急然眉闹眼笑竟使医护人员尽吃惊，以为鬼门阖前阎罗特救将我放。宋人诗云时人不识余心乐，却非傍柳随花偷学少年情欲宕。

启功《赌赢歌》（部分）抄本

字人旁如果成絲只堪絆腳不堪扶頭我公是否能保障。
更有好事風聞吾家斗室似添人，排闥直衝但見雙牀已
成單榻無帷幛。天長日久熱氣漸冷聲漸稀，十有餘年
耳根清淨終無恙。昨朝小疾診療忽然見問題，血管堵
塞行將影響全心臟。立呼擔架速交醫院搶救細檢查，
八人共擡前無響尺上無罩片過路穿街晾盤兒槓。診療
多方臂上懸瓶鼻中塞管胸前牽線日夜監測心電圖，其
苦不在側灌流餐而在仰排便溺遺臭雖然不盈萬年亦足
滿一炕。忽然眉開眼笑竟使醫護人員盡吃驚，以為鬼
門關前閻羅特赦將我放。宋人詩云時人不識余心樂，
卻非傍柳隨花偷學少年情跌宕。牀邊諸人疑團莫釋誤
謂神經錯亂問因由，鄭重宣稱前賭今贏足使老妻親筆
勾銷當年自詡鐵固山堅的軍令狀。

全詩語言的流暢，正說明了先生堅守誓言思緒的順暢和實
現誓言後心情的舒暢。我們從全詩字裏行間讀到的，是一
位飽經滄桑的老人對逝去愛人的忠貞不渝的感情，是一位
文化巨匠對自己晚年生活樂觀而現實的態度，是一位“職
為人師”的導師高尚無私的道德情操。對此，天公定為之
動容，上蒼亦予以作證。現在，老師和師母已在天上相
聚。我想，他們的恩愛情深也將享譽天國仙界。

第二個家

6

第二個家

"中華書局是我第二個家。"這句話，啓功先生二十多年來不知跟我講過多少遍，也讓我親身感受的多少事所印證。我想，書局凡是與先生共過事、有過交往的人，無論是局領導還是一般編輯、普通員工，都可以講出許多感人至深的事例，如果寫成文章，可以編成厚厚的一大本書來。因此，我在這裏只能揀其百一，告訴讀者。

因為文革中關於古籍整理的一個中央文件，1971年夏，啓先生和一批文史界著名的學者專家被調集到中華書局參加點校二十四史和《清史稿》的工作。當時，北師大中文系的一名軍宣隊員誤說要調啓先生"去二十四師"，着實嚇了先生一大跳。對此，《口述歷史》裏有細述，不再重複。文革前中華書局和商務印書館的辦公樓在公主墳西邊的翠微路2號院，後來進駐北京特殊鋼材廠工人宣傳隊，中華、商務大批員工被下放到湖北咸寧的文化部五七幹校去勞動，某副總理又批准把兩社的辦公樓劃歸北京鍋爐廠所有。從咸寧回京的中華與商務兩家的員工沒有了辦公地

啓功手書姓名的"標點二十四史清史稿同人合影"

點，於是只好佔用了原先是文聯辦公的王府井大街36號樓；中華、商務合為一家。參加點校二十四史的專家們就集聚在36號樓，為了提高工作效率，大多數外地、本地專家吃住也都在書局。這樣，啓功先生可以暫且擺脫在師大那裏"鬥批改"的氛圍，集中時間與精力和自己所熟悉的古籍打交道，和自己的新老朋友們一起切磋學問，並在論學之餘促膝閒談。

　　如先生所說，從1971年夏到1977年秋，在書局參加點校工作的六年，是他比較穩定、舒心、順利的時期，書局成了他的"第二個家"。在這個大家庭裏，先生享受到能為國家古籍整理事業出力的快樂，也感受到久違了的學者、同事之間互相關心和愛護的溫暖。使啓先生最開心的，一方面是老友之間可以毫無掩飾地談心，另一方面又結識了

一些剛當編輯不久的年輕同事，他們對老先生的尊敬與虛心善學的態度，讓先生看到了書局與學術的希望。可是，文革的大環境依舊，正如當時一些"造反派"所宣稱的："書局並非世外桃源！"書局也常常發生一些讓啓先生感到不解與不愉快的事。我這裏也略舉一二，使大家知曉在那樣的情勢之下，"大家庭"裏發出些不和諧的聲音，也是必然的。

當時自始至終參與《清史稿》點校工作的，還有王鍾翰教授及書局的年輕編輯吳樹平、何英芳等人。啓先生和王鍾翰先生面對面坐在一張辦公桌邊，有時工作疲倦了，就掩卷聊聊天。有時書局一些年輕編輯也來聽啓先生生動幽默的談話，以增長知識與見聞；有人則不失時機地請先生寫字、作畫，先生也總是樂呵呵地允諾。有一回，一位掛名負責點校工作的左派教授來巡視，看到這一情景，就很不高興地指示："啓功和王鍾翰談天影響工作，應該把他們調開！"其實，當時點校《清史稿》的工作量最大，而實際做工作的人最少，進度並不慢，那位負責人平時不做具體工作，又不作調查就發號施令，當然也無人聽從他的調遣。書局負責點校工作的是趙守儼先生，心中有數，對那位負責人的指使當然也不會加以理會。

由於啓先生在書局點校《清史稿》任務繁重，要整天伏案查閱古籍，考訂資料，校勘文字，推敲標點，所以加重了原先就患有的高血壓、頸椎病，有時頭暈目眩，嘔吐不止，十分痛苦，只得請假去醫院診治。醫生開始診斷為"美尼爾氏綜合症復發"，後又確診為因頸椎壓迫導致動脈血管供血不足，所以除了服藥外，還必須每天做兩次頸部牽引，這樣就得經常跑醫院。書局的一些領導和許多職工都十分關心啓先生的病情，有的還主動幫助先生尋醫問藥。為了減少跑醫院的次數，也為了堅持工作，先生同意在自己的頸部安裝了起固定牽引作用的不銹鋼架。儘管如此，這還是引起當時個別在書局掌握一點小權力的"造反派頭頭"的不滿，放出話來說啓先生是"泡病號"，甚至說甚麼"這種反動學術權威，有甚麼必要看病？"先生聽到這種話當然也只好苦笑，並不爭辯，而是以樂觀的心態，拿起筆來，寫下了一批幽默、達觀的"就醫"詩詞。一方面，用淋漓盡致地自訴病狀、詼諧地嘲諷病魔來釋放病痛，增強信心與抗爭力；另一方面，也回擊了"泡病號"的誣詞。請讀這首《漁家傲·就醫》詞：

> 痼疾多年除不掉。靈丹妙藥全無效。自恨老來成病號。不是泡。誰拿性命開玩笑。　牽引頸椎新上吊。又加硬領脖間套。是否病魔還會鬧。天知道。今天且唱漁家傲。

病魔可恨，極"左"偏見更可氣可悲，先生則以高唱"漁家傲"的姿態作了雙向的反擊。當然，先生的詠病詩裏寫得更多的是妙趣橫生的聯想，是不懼最壞後果的灑脫。如因天寒犯氣管炎想到"春江水暖鴨先知"的古詩，將頭暈目眩比作《鶯鶯傳》裏張生的"秋波那一轉"，又說要學習地球的自轉與公轉，由頸部牽引寫到動物園裏的長頸鹿，應付突然耳聾的對策是"喧囂中有安禪法，筆硯平添對話功"，等等。當然，這些詩詞當時在書局裏除了個別最接近的人知道外，基本上是秘不示人的，以免引起不必要的麻煩。可是，啓先生脖子上架了"鋼脖套"還堅持工作是有目共睹的，見者、聞者在關切與欽佩的同時也常常會問個究竟，於是先生索性在 1973 年 9 月 3 日寫了一份《自述病歷》，告諸友好：

> 啓功，男，六十一周歲。北京人，自幼體較弱，十餘歲時後，每飲水過多，則眼前出現金色曲線，視物只見其半，此象過後，即頭痛，吐出黃水方癒。（此與今病不知有無遠因，姑寫出供參考）此症至卅餘歲後漸癒未發。
>
> 一九五八、五九間，一日忽見牆壁旋轉，旋即停止，醫云血壓高，亦未再犯。至六七年夏，忽覺眩暈，此後便時時發作，自清晨眩起，至日暮始止，嘔吐各色之水，由清至黃至褐色。約近五年逐漸減輕，自七二年又犯，至今。每犯程度較前為輕，但各次距離卻近，最後已至每日必眩，或一次或數次，眩暈時間或幾分鐘，或三四小時。亦不常吐。但出門在車上路旁眩暈極為危險（已有三次）。

啓功手書《自述病歷》
（1973）

犯時覺眼睛似倒戴眼鏡（譬如左深右淺之鏡，倒戴為右深左淺），覺得噁心，又後腦殼如空碗，中有一球，在內旋轉，便坐立不住。屬害時眼前物象旋轉或波動，輕時則只頭暈而眼前不轉。每偃臥或蹲踞時突然一起，頭常轟然而暈。

西醫神經科診視，認為是“頸椎基體動脈供血不足”，服擴張血管之藥，又注射磷酸組織胺，乃眩暈脫敏之劑，亦不知其效如何也。病情大致如此，錄出謹供參考。

2000年秋，此件啓先生手書"病歷"的收藏者于建華先生將其影本刊佈在《中國書畫報》上，我拿給先生看。先生說："這本來是一紙訴苦之狀，是供同病相憐者和醫生參考的，發表了也好，現在好像得頸椎病的人是越來越多了。"當時先生自己有病，還常常想到關心別人。有好幾回，他出書局門口去附近的公安醫院看病，看到高度近視的原文學編輯室副組長趙元珠要過馬路，怕她看不清過往車輛，趕緊過去幫她一把。趙是解放前很早就參加革命的知識份子，文革時也最早被"造反派"拉出來戴高帽子批鬥，思想卻依然激進，有些人怕受牽連，當時都不敢和她接觸。有人問啓先生："您和她非親非故，也沒有任何工作上的關係，為何敢冒此險？"先生答曰："實行革命的人道主義。"

當時不僅啓先生自己受到病痛的折磨，師母也是重病剛癒，需要調養，可先生有工作在身，為了節省上下班回家坐車的時間，也為了在下班後能抽出時間來進行著述，先生常常晚上便住在書局二樓的辦公室裏。心掛兩頭的滋味實在是不好受。晚飯的一段時間，就和書局的同事邊吃邊聊，有時還跟同住在書局的趙誠等編輯喝上幾口酒，說說笑話，也算是一種調劑。

啓功先生一直牢記陳垣老校長的教導，即使在1958年被打成"右派"後，仍在繁重的"勞動鍛煉"與"思想改造"的過程中，擠出時間進行研究，從事學術論著的寫作。

文革之前的1964年，他的專著《古代字體論稿》在文物出版社出版，另一本專著《詩文聲律論稿》的初稿也已擬就，雖然當時無法出版，老校長卻已經預先為之題寫了書名，這對啓先生來說是巨大的勉勵與鞭策。文革初期，"抄家"風行，先生將《詩文聲律論稿》用蠅頭小楷抄寫在薄紙上，師母精心地將其捲緊，裹在自己的衣服裏壓在箱底。1971年先生到書局後，環境相對寬鬆了，就取出來再作修改。完成初稿後，先生在稿末寫了這樣一句章節附注："本文自1964年起草，至1971年脫稿，曾經修改十五次，謄清六次。"儘管如此，先生還不斷地在書局徵詢友人對此稿的意見，繼續修改，一直到1974年才算定稿。

第二年，在書局友人"應該正式出版"的建議下，先生又將書稿曬藍本裝訂成冊，遞交書局二編室審讀。可是，當時二編室的主任兼黨支部書記是根據"摻沙子"政策從某劇團調來的，"左"得"可愛"，說啓先生的書稿裏舉了《詩經》中"關關雎鳩，在河之洲"等描述男女愛情的句子，書中還用了李清照的"尋尋覓覓"詞句，都是"散佈不健康情緒"，還責問說："為甚麼不多舉些毛主席詩詞的例子呢？"於是不予通過，不同意發稿。

這樣的意見，真叫啓先生和擔任責編的趙誠先生哭笑不得。到第二年，經過書局幾位先生的力爭，啓先生還應那位主任之請給他書寫了毛澤東詩詞的條幅，《詩文聲律論稿》總算發稿，但排出影印的初樣後，那位主任好像又提出了類似"舉例不合適"的理由予以擱置。為此，啟先生在1976年6月16日給人民文學出版社的林東海先生談此書稿的長信中無奈地寫道："中華已談，仍不放，只得任之。"好在那位主任很快被調到別的部門，書局不少編輯都看好啟先生的書稿，而四個月後禍國殃民的"四人幫"被一舉粉碎，出版社也逐漸恢復了正常的出書進程。

小32開手書影印本的《詩文聲律論稿》終於在1977年11月和廣大讀者見面。啟先生曾多次講到他當時的心情：十多年的千辛萬苦，總算沒有白費，但當初最關心這本書的老校長和妻子卻都已離開人世，再也不能和他一起分享這遲來的快樂，這又是何等傷心之事！

這個小開本的《詩文聲律論稿》第一次印行後僅四個月便銷售一空，很快就重印了，這在中華出版個人專著的歷史上是絕少見的。此本在書局先後重印5次，印數近20萬，可見先生此書受歡迎的程度。這書出版後，啟先生依舊沒有停止關於詩文聲律問題的思考，對書中內容不斷進行修訂。後來書局又出版了排印的普及本，也重印多次。另外，由於七八十年代出書條件所限，此書的開本、用紙及裝幀均不理想，於是在2002年，由陳抗兄和我做責編，出版該書裝幀一新的16開本，先生不顧自己患黃斑病變眼疾之苦，特意將修訂文字用毛筆寫在棉紙上供影印之用，

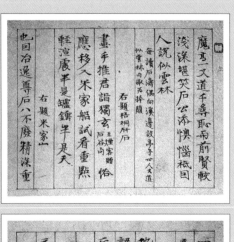

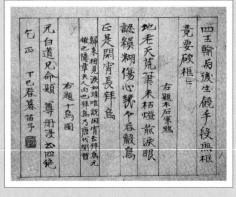

啓功舊作的黃苗子題跋

又要我們將他新寫的一篇文章《"八病""四聲"新探討》補排在後面。此書出版後，也滿足了許多喜愛先生書法的讀者鑒賞與收藏的需要。

1977年啓先生完成點校任務回師大後，依然非常關注書局的一切，希望這個和自己同齡的老出版社能煥發青春，為弘揚中國優秀傳統文化做出更大貢獻。1978年，啓先生還特地回中華給書局的編輯開了一次關於八股文的學

術講座，受到熱烈歡迎。從80年代至今，中華書局陸續出版的啓先生著作還有《啓功叢稿》一卷本和四卷本（分別為論文卷、題跋卷、詩詞卷、藝論卷）、《漢語現象論叢》、《說八股》、《啓功給你講書法》等，不但重印率高，而且在各類圖書評獎中獲獎。先生和北師大其他教師合作的注釋本《紅樓夢》也是國內數以百計的《紅樓夢》圖書中最受稱讚的。可以說，啓功先生成了中華書局人氣最旺的作者。此外，不僅中華出的書許多書名題籤都是啓功先生所寫，只要是書局需要，先生常常是將別的事先擱在一邊，馬上動手就寫；而且書局的編輯自己出書，也往往求先生題籤，先生也總是有求必應。所有這些，從不收取分文報酬。曾擔任書局副總編輯的程毅中先生在一首詩中稱道："啓公書法天下聞，有求必應勝觀音。墨寶贈人不自惜，鵝毛無須換一根。"

　　據我所知，啓先生在中華六年，許多職工（包括司機和炊事員）都留有先生的墨寶。有的作品當時先生未及鈐印，後來持有人讓我再拿到小紅樓去請先生補上的也不在少數。從80年代起，啓先生在國內外書壇上的名氣與日俱增，不但原先沒有先生墨寶的中華職工也設法向先生討要作品，就是有些已經存有先生墨寶的，也有"貪心不足"者繼續向先生索求。又因為我和先生的關係，有的就借我之

啓功與程毅中親切交談

中華書局出版的啓功著作

口來表達他們的要求，常常使我十分為難。記得有一回，兩位女編輯對我說："你幫我們跟啓先生通報一下，我們想去看看他。"我和先生約好了時間，她們就自己去了。結果，那次先生將事先寫好準備送人的八九張字取出讓她們挑，她們說"都好！都要！"竟然席捲而歸。為此，我覺得特別對不住先生，因為我知道這些字是他一個不眠之夜的心血，可先生也只有一笑了之。不過，自此之後，我再也不敢好心地為聲稱要去看望先生的人當"聯絡員"了。

1997年，中華書局換了領導班子，從外地調來的總經理在出書範圍、經營方針、人力資源安排等方面都有自己的一套"理念"，書局原有的專業和人才優勢遭到破壞，資金大量投入，骨幹編輯紛紛流失，圖書產品庫存急劇增加，致使債臺高築。這在出版界、學術界和廣大讀者中都引起了不小的反響。對此，啓先生看在眼中，急在心裏。他曾在各種場合呼籲要關心書局的前途，要維護書局品牌，保持優勢與特色。有一次，中宣部的一位領導去看望啓先生，坐中談及圖書出版情況，先生雖沒有具體提及中華的境況，卻明確地就如何出好弘揚中華民族優秀傳統文化的古籍整理圖書提出了自己的看法。我當時也在場，記得當時啓先生還很有感情地回憶了李一氓先生當國家古籍規劃小組組長時的風采。啓先生說："李老是老革命，對古籍整理事業有感情、有興趣，又是真正的內行，而且大刀闊斧，敢於拍板，所以那些年古籍整理出版工作蒸蒸日上。可惜他走得太早了！"又有一次，啟先生得知中宣部的李從軍副部長要去看他，就馬上打電話給我，希望我趕去他家，可以當面反映書局的一些實際情況。後來，那位總經理被調離了中華，書局的新領導班子成員李岩、徐俊二位去看望啟先生，先生躺在病牀上對他們說："我很高興中華能回到正道上來，有你們好好幹，書局有希望，我也放心了！謝謝你們了！"先生和幾家老出版社都一直保持着良好的關係，他和三聯書店的沈昌文、董秀玉，商務印書館的楊德炎、江遠，文物出版社的王代文、蘇士澍，香港聯合出版集團的陳萬雄、張倩儀等先生都建立了深厚的友誼，希望這些出版社能夠為繼承和發揚中華民族優秀的傳統文化做出更大的貢獻。

下面，我還要特別講講啟先生和書局編輯出版學術隨筆集刊《學林漫錄》的故事。

《學林漫錄》創刊於1980年，由傅璇琮、張忱石、許逸民三位先生負責編輯。1980年6月出版的初集，書名由錢鍾書先生題寫，第一篇文章就是啟功先生的《記齊白石先生軼事》；他的《堅淨居題跋》也從此時開始陸續刊出，初集一下子刊出21則，內容豐富又深入淺出，引起學界極大關注。如前所述，我的文章是先生推薦在二集上發表的。先生不僅自己給稿，還積極為它組稿；不僅自己為《學林漫錄》題籤，還協助提供了多位學界名流的題籤（每期換一個）。

在編輯與作者的共同努力下，《學林漫錄》每年按時出

版，在學界的影響日益擴大。不僅每集都有名家佳作，而且來稿也相當充足。啓功先生則無論多忙，都要首先將自己認為滿意的隨筆或題跋通過我交給編輯部選用。我的另一篇《岑參邊塞詩地名考辨》，也在第七集上刊出。那時，啓先生給《學林漫錄》的文章，幾乎都要先給我讀幾段，告訴我為甚麼這樣寫，還十分真誠地徵詢我的意見，有時還把我的一丁點兒心得也添進去，寫明是我所説。如第七集《堅淨居隨筆》裏"池塘春草、敕勒牛羊"一則，寫到《敕勒歌》的三、四兩句"天似穹廬，籠蓋四野"，句式、韻律與後四句頗不相稱，懷疑"廬"字、"籠"字有一衍文或急讀之襯字。我説看到明代胡應麟《詩藪》引此詩即無"籠"字。啓先生馬上提筆將我所説補上，而且注明是"友人柴劍虹先生見告云"，令我感動不已。先生的原稿多有改削之筆跡，而要我交給書局的稿子總是謄錄得十分工整、乾淨，以便於審讀和排版。我從先生那裏，學到的不僅是知識，更重要的是高尚的人品和嚴謹的治學態度。先生對這些稿子的重視程度，可以用一件小事來説明。他的每一篇稿子，無論長短，都要複印兩份，一份給我，一份他自己保存。1993年元月，他的那一份一時找不着了，非常着急，馬上給我寫了一封信：

劍虹先生：

　　茲有一事奉求，弟有一個發表文稿黏冊，不慎弄丟了，其中有些段《堅淨居隨筆》，是登在《學林漫錄》上，自第一期起都有。現在所缺是第十冊以前的。舍下《漫錄》都保存着，但搬遷後殊不易找。敬求便中在書局代為找一下，凡前九期中所有拙作隨筆，都請為複印一份，無任盼禱！

敬禮！

^弟功敬上 九日

　　《學林漫錄》出版十集之後，由於傅、張二位各有要務在身，實在太忙，就交由我所在的文學編輯室來編。因為我已經在《學林漫錄》上發表了兩篇文章，也幫助看過一些稿，而且幾乎每集都登的啓功師的《堅淨居隨筆》，都是我到師大去約稿，取來後先睹為快，做了第一個讀者，所以第十一集的責任編輯就由我來擔任。記得這集出版後，我到師大去送書，同時催下一集稿子，啓先生笑着對我說："從前我問你要文章，現在是你來要稿子了！"當時，我正在讀《敦煌變文集》中因緣類作品，就對啓先生說："大概這也算是一種因緣吧。"先生點頭稱是。遺憾的是，由於編輯力量和圖書徵訂上的問題，《學林漫錄》在1991年出到第十三集時就"暫時停刊"了。第十三集印了1,000冊，只是第一集31,000冊的零頭，比1988年第十二集的2,500冊印數也少了一大半，由此也能看出國內書刊市場的變化。經過八年停頓，1999年出版了《學林漫錄》的第十四集，第二年出版了第十五集，可是編輯這兩集時，我並不知音

訊，編輯好像也忘掉了告訴啟功先生，因此兩集上均沒有
先生的文章。見書之後，我特地買了兩本給先生送去，先
生好似見了老朋友般地興奮，馬上拿起放大鏡來細細閱
讀。

又過去了五年，《學林漫錄》還處於難產的境地之中。
近幾年來，啟功先生常常問起《學林漫錄》還編不編，許多
老讀者和作者也經常深情地談起他們對該書的感情。不用
說，這飽含了對此書學術品味和風格的讚許，也表明了他
們對書局的殷切期盼。2005 年 1 月中，先生在病重住院之
前，又向我問起書局的近況，包括《學林漫錄》幾時再出的
疑問。如今，啟功先生和許多為《學林漫錄》題寫書名及寫
稿的前輩都已仙逝，也許他們已經永遠帶走了那些本該刊
登在《學林漫錄》上的精彩文章，那本來是一些傳世久遠的
寶貴的文化財富。現在，書局領導已經把繼續編輯出版
《學林漫錄》重新提上了議事日程，並且準備委託我擔任編
輯工作。我想，先生泉下有知，也一定會為此欣慰不已
的。

仁者風度

7

仁者風度

孔夫子云："仁者愛人。"啓功先生就是一位寬厚仁慈、寬宏大度的仁者。他並非泛愛論者，在根本是非問題上同樣愛恨分明，性格中也有"金剛怒目式"的一面，這是熟識他的人均能感知的。但是，啓先生始終認為做人首先應該弘揚"善"的本性，方能有效地抑制邪惡，構築和諧的人際關係。我先舉些與書畫創作有關的例子。

前面曾談到美術界那位在1957年把啓功先生打成右派的領導人，他當時出手整葉恭綽、徐燕蓀和啓先生的背景與動機，其實並非全是政治原因，後來自己也有些悔悟之心，所以先生也就原諒了他。啓先生自1985年4月起任第二屆書協主席。1991年下半年，啓先生自己提出不再擔任中國書法家協會主席，新一屆主席人選一時有難以確定之勢，中央有關領導部門派人來徵求啓先生的意見，啓先生提出由那位整過自己的美術界領導人來擔任。來人問："某人是畫畫的，非以書法專長，擔任書協主席合適嗎？"先生答："那請問航天部的領導都要會開飛機嗎？至少中國傳統上還有‘書畫同源’之説吧？”遂一錘定音。在當年12月的全國書協第三次代表大會上，那位美術家當選為新一任主席，啓先生成為名譽主席。先生這種出於公心的寬大胸懷，不僅贏得了大家的讚許，也教育了那位領導本人。還有一次，全國政協要從書法界增補一位委員，書協有兩位副主席均有人推舉，其中一位便到啓先生家中來，希望先生能夠表態支持他。先生沉吟少許，笑着説：“我建議你們抓鬮吧。”那位副主席當時也笑了，但回家一琢磨，認為啓先生是在嘲笑他，心中有些不快，便打電話問啓先生的建議是甚麼意思。先生回答説：“此事本來要組織決定，你二人都不錯，我個人覺得還是抓鬮最為公平，這也是為你們好，別無他意。”那位副主席這才釋然。

從80年代初到90年代初，幾乎有十年的時間，到啓先生家求字者可謂一年四季絡繹不絕，給先生的工作與生活帶來極大困擾，而先生對求字者總是和顏悦色，能寫則寫，不能寫則好言謝之。當然也有態度與方法都十分惡劣的“強要”者，先生也只有搖頭歎息。有一天，一個中年人敲門而入，一見啓先生便滿臉痛苦地説：“我的老父親快不行了，他最大的願望就是生前想得到您的墨寶，請您無論如何要滿足他的願望！”説着就要下跪。啓先生趕緊制止他下跪，馬上寫了一幅字給他。不料那人一下樓，就對一個正等着的人説：“我總算把這老頭兒的字騙到了！”這話正好被要進樓的一位親友聽到。據説後來這個騙子又找上門來，先生心裏有數，馬上給學校保衛科撥電話，那人見狀趕緊溜走了。這些年來不少人模寫“啓體字”，有人是

喜愛或為了提高書藝，也有人是為了假冒而賺錢。對前者，啓先生總是勸他們要多臨古代大家名帖，熟悉各種風格的書體，尤其是重視基本功的訓練，不要只單純地模仿某一種書體。他常謙虛地説："別學我，似我者死。"有人拿來假冒品請他辨認，他也總是幽默地説"這寫得比我好"，或風趣地稱之為"偽而不劣"的"假冒偽優品"。潘家園等文物市場充斥着這種假字，他只能一笑了之。有人寫文章或傳言"啓功不打假"，先生知道了就説："沒人告訴我這種假如何打。一幅字賣幾十元，也許還不止值這些錢，我又何必斷人生計。"據常年幫助啓先生處理具體事務的侯剛先生介紹，有一位名叫王嶽的好心人曾寫信建議啓先生追查他的假字，先生在回信中寫道：

　　來書拜讀，關注雅意，十分感荷！現在流行偽造書畫事，更有因人偽造自己書畫而一再涉訟之事。按有人作偽，可見其筆墨必有人欣賞收購，此正慚愧之不暇者，而涉訟之餘有時誤將己作之稚劣者認為偽作，及至證實，反成笑柄。去年有友人相晤時言，藏有鄙書一幅，擬令我鑒定真偽，當即答云請看其字，寫得好的即是假的，寫得壞的即是真的。在場之人莫不大笑。且人生幾何，身後有人千翻摹百偽造，又將奈何？功於此事，只持自勉之志。如我寫的字都能如二王顏柳以至蘇黃趙董，則作偽者亦必較造啓功字難

啓功給王嶽的回信

　　若干倍。其伎倆易於暴露，我亦可省訴訟費用矣。

信中除透出先生一貫的謙虛與幽默外，也表明了對造假者
必露馬腳，自有行家辨明真偽的信心。我也曾和先生討論
過這個問題，他說：「過去定案時常說的一句話叫做『以法
律為準繩，以事實為依據』，真的假不了，假的真不了，
世間糊塗，上天有眼。我信的就是這道理。」可是，如果
有人偽造他的題跋，冒充他的名字鑒定別的贋品為真跡，
以圖發橫財，啓先生就會異常生氣，想法去交涉，揭穿騙
局。有一次，某外地工廠的廠長、書記帶來一塊冒充啓先
生手跡的廠名題匾，講是交了錢請某人轉請先生題寫的，
啓先生一看就知道他們上了那人的當，也非常憤怒。那幾

位工廠領導正哭喪着臉講如何向職工交代，先生馬上說：
"別着急，他拿假的騙你們，咱寫真的補你們不就得了
嗎？"結果當時就潑墨揮毫題寫了廠名，而且不收分文，
讓那幾位廠領導十分感動。前幾年，杭州有位收藏家在某
出版社買書號出了一套藏品集，其中有一冊是"啓功書畫
作品"，所印幾十幅作品全是臨摹品，無一真跡，因為為
該書題籤的是啓先生的一位朋友，也是國家文物鑒定委員
會的主要成員，這就成了拉大旗作虎皮之勢，極易使人上
當。因為此書在書店買不到，啓先生讓我通過那家出版社
的編輯設法借了一冊，細細察看，逐一辨明，並告訴身邊
的人這些贗品若流入市場影響很壞。鍾少華先生為此專門
寫了一篇文章，本來要公開發表以正視聽，可是啓先生反
復思量，覺得那位題籤的朋友也有苦衷，文章發表會讓他
處於尷尬的境地，就叫少華別公開發表，私下打打招呼算
了。後來，我借着回答某報的採訪，提及此事，按照啓先
生的囑咐，還是沒有點那位老先生的大名。

　　北京大學著名歷史學家周一良教授曾對啓先生產生誤
解又是一例。周先生在文革時不得已參加了"梁效"寫作班
子，頗遭物議。文革後期，他和魏建功教授同時收到一封
匿名信，信封上寫"×××道兄啓"，內裝一紙，毛筆書寫
"無恥之尤"四字。魏先生的公子不知憑甚麼推測此信為

"啓功改變字體所寫"，魏先生一氣之下，把啓先生送他的一幅畫撕了；而周先生則為了警誡自己，長期將這紙條壓在書桌玻璃板下。啓先生一直不知此事。後來，周先生還將此事寫進他的傳記《畢竟是書生》裏。北大的榮新江教授和信息產業部的李經國先生都希望我當面問問啓先生。根據我對先生的瞭解，我已經判定啓先生絕對不會寫這樣的信，但事涉我同樣敬重的周一良先生，所以我還是原原本本地跟啓先生説了。先生驚訝之餘，對我講了這樣一段話："如果那信是我的筆體，下那樣的推論還説得過去；説我改變了字體所寫，那真是無端猜測了。魏、周二位都是我多年的老友了，他們在文革那樣的政治高壓下參加大批判寫作班子，情有可原。聽説北大有的人抓住周先生此事不放，甚至為此不給周先生解決住房問題，而有的當過'梁效'骨幹的人卻可以翻手為雲，覆手為雨，官運亨通，真正豈有此理！再説信封上寫'同道'二字，不是也表明寫信者與被罵者'同無恥之尤'了嗎？周先生不辨此理，還寫到書裏，真的'畢竟是書生'啊！"李經國將此話傳給周先生，周先生才恍然大悟，親自簽名一本自己的書託李經國帶給啓先生，並求啓先生題詞，啓先生亦欣然命筆。此事足以説明啓功先生的寬容之心。

像上面所舉那樣的例子還很多，即便有些人做了對不起啓先生的事，尤其是他的學生，先生在和風細雨地進行批評的同時，仍予以原諒，而這種寬宏大量，應該也是一種教育的方式吧。例如我有一位師弟，在文革時偷偷地跟啓先生學字，也非常勤奮。因為在文革中師大中文系的紅

衛兵組織常指令啓先生為他們抄寫大字報，那位師弟有時就在夜間去撕下幾片先生所抄的大字報來臨寫。先生知道了趕緊阻止，因為在那時撕大字報可是會被打成"反革命"的。先生便特地為他寫了一本《行書千字文》送他臨習。這位同學後來練就一手"啓體"，很得大家讚賞。他被分配到河北省一個比較偏僻的縣裏教書，家庭生活發生困難，先生不但在經濟上給予接濟，而且專門給一位領導人寫信，將這位同學調到天津市工作。可是，後來這位老兄犯糊塗，居然將啓先生首先提出的某個書法理論，作為自己的發明去申請"專利"。先生雖然有些生氣，也還是原諒了他，照樣給他以幫助與指點。

　　還有一位古典文獻專業的博士生，也喜歡寫字，自己刻了一方"堅淨居弟子"的印章，以啓先生的書法弟子自稱。啓先生讓我參加他的博士論文答辯，因我和主持答辯的馮其庸先生事先專門到國家圖書館善本部查看了有關古籍的版本，所以都指出了他論文中的疏忽，有的屬於硬傷，但並不影響他論文的通過。可他還要在答辯時強作辯解，礙於面子，我們不再說些甚麼，可啓先生卻十分生氣，在答辯會快結束時公開在會上對他說："聽說你刻了一方圖章，希望你磨掉，我從沒有招哪位做書法弟子，我不承認。"那位博士生趕緊說"我已經磨掉了"。儘管如

啟功與學生交談

啟功為學生遞扇驅汗

"我給你看件好作品!"

此，畢業分配時，啓先生還是應他的請求辛苦地為他聯繫工作單位，後來又答應為他的書法作品集寫了序言。當然，先生的寬容也還是有原則、有底線的。如中文系有一位研究生畢業後不在教學與學術上下工夫，居然因剽竊他人文章而被告上法庭，並被判賠償損失。啓先生對此嗤之以鼻，多次和我們提起，並認為這是我們中文系的恥辱，告誡學生要以此為鑒。

啓功先生在自己的友人、學生遭遇困難，需要幫助之時，總是毫不猶豫地盡最大努力給予關懷與實際的援助。這方面的例子實在舉不勝舉，而且平時先生也不讓我們多提，這裏只能略舉一二。例如我們中華書局原副總編趙守儼先生，少年時同是戴姜福先生的弟子，既是啓先生相交多年的朋友，又是在書局點校二十四史的同事。守儼先生不僅做學問嚴謹，在日常生活中亦律己甚嚴。"文革"之後，他的住房問題未很快解決，也不向組織開口，聽說啓先生專門為此事給書局領導寫了一封長信，為趙先生申訴。後來，守儼先生因患肺癌住院治療，要動手術，啓先生聽說後趕到安貞醫院看望安慰，並且專門寫字畫畫送到醫院，期望大夫盡力救治，挽救老朋友的生命。聽說趙先生已是癌症晚期，啓先生難過得寢食不安。我到醫院去探望，趙先生拉着我的手，痛哭流涕地說："劍虹啊，我是不行了，你們可要保護好啓先生，他可是我們的國寶啊！”此情此境，令人動容。2004年1月10日，為紀念守儼先生去世十周年，我帶書局的余喆先生去採訪啓先生，先生還深情地回憶起他和趙先生的交情：

　　我和趙守儼先生早先並不熟悉。他在輔仁大學讀書時是在經濟系，不是國文系，不在我班上，可以說那時候並不認識，雖然我知道學生中有一個叫趙守儼的。守儼先生畢業後，離開了輔仁大學。

　　實際上，我和趙守儼先生還是有些淵源的，我們有着一位共同的老師：戴姜福（戴綏之）先生。這位戴先生原是趙先生的祖父趙爾豐（清末時曾任四川總督）的幕僚，趙爾豐被革命黨砍了頭，戴從四川逃到北京（他夫人則因船撞上灩澦堆遇難了）。開始，戴先生在蘇州同鄉、評政院院長莊蘊寬手下謀事，評政院解散後，與曹大先生（曹元忠）一家來往密切。這位曹元忠先生是我曾祖父任江蘇學政時的門人。我在匯文小學、匯文中學念書時，對外語沒有興趣，而願意念古典文學方面的東西，這一點連親戚朋友都很清楚。當時曹七先生（曹元森，中醫）請戴先生到曹家為子女教課，講授傳統古籍，便讓我也上曹家念書。於是我幾乎每天從匯文中學下課後就到曹家跟戴先生學習。我以前讀過“四書”，戴先生便讓我念“五經”，當時還讓我買了一部《古文辭類纂》，沒有句讀的本子，戴先生就讓我標點，然後戴先生圈圈點點，把我標錯的句子都挑出來改正。我的很多東西，都是戴先生那時候教我的。戴先生還讓我買一部浙江局刻的《二十二子》，那時我邊看邊抄寫，有很多東西看不太

懂，後來才逐漸明白。那時戴先生在曹家教曹家子女和我，隔天去趙家教趙守儼先生，因此，可以說我們倆是師兄弟。後來，我尊稱趙先生師兄，因為我年齡比他大，因此守儼堅持稱我師兄。

70年代第二次整理"二十五史"（"二十四史"加上《清史稿》）時，我被邀參加點校《清史稿》，來到中華書局，和趙先生便日益熟悉了。當時顧頡剛先生是整理"二十五史"的頭兒，但由於身體不好，不能每天來書局上班，日常事務就由白壽彝先生負責。實際上，白先生社會活動多，也不常來，說是白先生負責，還不如說是趙先生總管。大家心裏都明白，趙先生才是整理"二十五史"的真正負責人，總管日常的具體的工作。趙先生在中華書局人望很高，對同事一向很平和。中華書局的成員脾氣性格不一，有時互相之間不免有點小矛盾，也有脾氣不好的，但對守儼卻都沒有不同的看法，大家都很尊敬他。那時，他每天都來上班，對我們的點校工作從不挑剔，不問進度，也不對我們提甚麼要求和意見，但工作進展如何，有些甚麼問題，他心裏都十分清楚。有時開會他也講話，也是十分平和的，即使說甚麼問題也都是誠誠懇懇的，大家也心服口服，很愛戴他，從沒人說他這樣那樣的，都和他有說有笑。當然，這也是因為趙先生做事十分嚴謹，工作方面很盡職盡責，學問（他是唐史專家）也好，書局有一位最喜歡挑毛病、和別人爭辯的先生，也挑不出他的毛病，也從心底佩服他的學問。趙先生是那種修養很好的人，和甚麼人都能和平共處，從沒有人因公事和他爭吵的。我覺得，他不僅是修養好，可能天生是這麼一種溫文爾雅的性格。

1993年守儼先生住院時，我去看他，他告訴我決定給他開刀的是醫院有名的外科大夫，會給他拉癌。我從醫院回來後，就寫了一幅字，又畫了一幅畫，還特別在上款寫上那大夫的名字，送到醫院去。他認為我特意為他做這些事，很至誠地配合大夫的治療，激動得哭起來了。可惜，他的病已到晚期，開刀已經無濟於事，沒有治好，這實在是書局的最大損失。

又如著名的歷史學家、武漢大學的唐長孺教授，也是啟先生的老朋友，先生對他在研治魏晉南北朝史上的成就推崇有加。唐先生晚年因治病經濟上有些拮据，想出讓自己收藏的字畫，消息傳到啟先生耳中，他馬上託人帶話給唐先生家屬：“千萬別變賣字畫，買藥需要錢我啟功可以來出。”1994年10月19日，唐先生逝世的消息傳來，我趕到小紅樓報告啟先生，他馬上提筆寫了唁函，讓我趕快傳真給武漢大學唐先生的治喪委員會：

武昌　武漢大學歷史系
唐長孺教授治喪委員會：

　　驚聞　唐長孺教授逝世噩耗，不勝悲痛！倉卒不及專趨弔唁，先致此電，敬求代向唐先生家屬致唁，望為節哀！並求代備花圈，以申哀悼！

　　　　北京師範大學中文系　啟功　一九九四、十、十九大概是2002年年末，唐先生的公子唐剛卯先生來京開會，請啓先生為正在編輯之中的《唐長孺文集》題籤。當時啓先生的眼睛剛做過白內障剝離手術，寫字不便，但還是很快就寫了好幾條。啓先生一連幾天親自打電話找不着唐剛卯，十分着急，就命我想法聯繫。後來我將題籤寄給已經回到武漢的唐剛卯，因一時無回音，先生還關切地讓我再三打電話詢問，直到有了收到的準訊才放心。

　　啓功先生對需要幫助的人的同情之心，還常常表現在他特別能善解人意，有時儘管需幫助者還未提出，他已經替人考慮在先，付諸實施了。例如樊善國是我們這一屆研究生中最年輕的同學，因為操辦婚事，佔了些精力，寫畢業論文動手晚了。有的老師和同學埋怨他不抓緊，啓先生並不是他的論文指導教師，卻馬上主動給四川的一位朋友寫信，請他寄來新發現的吳敬梓資料，供樊善國撰寫關於《儒林外史》的論文參考。啓先生雖被分派指導兩位同學的學位論文，其實其他同學的論文撰寫與答辯也都得到了啓先生的實實在在的幫助。于天池同學的夫人李書因患尿崩症無法適應在工廠的工作，啓先生知道了，主動與九三學社聯繫，為她重新安排了合適的工作。社科院文學所的沈玉成先生和啓先生相識多年，後來因家庭問題鬱鬱寡歡，啓先生幾次託我和別人帶話給他，開導他正確對待。沈先生因突發心臟病去世，啓先生知道他生前一直惦念着女兒劉寧的前程，就將劉寧招為自己的博士後研究生，悉心指導。這也是啓先生名下惟一的一位博士後。劉寧的博士後出站儀式就在啓先生家的客廳舉行，順便宣告她結婚的喜訊。那天，我也應邀參加了這個儀式。啓先生頗感欣慰地對我說："這也可以告慰沈兄的在天之靈了！"啓先生的博士生朱玉麒師弟在北大做博士後，研究的課題是徐松的《西域水道記》。恰好啓先生得知在某拍賣公司的拍品中有徐松的親筆信劄，便馬上決定託人買下，準備送給朱玉麒；又聽説朱將參加一個學術研討會，此信劄可補充論文材料，因朱當時回新疆了，就讓我將這信劄用數碼相機拍好，做成電子文本先發給朱；後來又將原件送給了朱玉麒藏用。

　　恐怕最能體現出啓功先生善解人意的助人之情的，是他為各種圖書題簽一事。圖書因內容、讀者對象等關係，繁體或簡體不一，版式亦橫豎各異，封面題簽的寫法就不一樣。啓先生常常會在下筆前問求題簽者：繁體簡體？橫寫豎寫？可是有的求簽者自己也説不明白。於是後來先生便索性繁簡各寫一二條、橫豎也各寫若干條，請使用者自行選用。免得求字者因不合用而不好意思再開口。因中華書局的許多書籤都是啓先生所題，而這個任務也常常是書局交我去完成，所以得以經常看啓先生題簽，才發現其實題寫書名往往比寫條幅還要費勁，雖是寥寥幾字，卻要求大小均衡、行氣順一，鈐印位置合理。有時啓先生一連寫了十幾條，還不滿意。記得他為商務印書館的《今日東方》

雜誌題名，就一共寫了十一條之多。有時，啓先生為免除使用者挑揀之累，還特意在他自己認為比較滿意的幾條題籤旁畫上記號，以供參考。南開大學來新夏教授的著作有好幾種都是由啓先生預先寫好橫豎不同的題籤寄到天津備用，啓先生還在信中表示："如有不適於印刷處，示下重寫，勿客氣也。"有一回則為封面設計提出建議："近題書籤多半字大，印時不加縮小，每覺難看，茲寫力求較小，如書冊略大，可放大付印也。"（見先生致來氏信函）有一次香港中華、商務兩家出書想配些古代繪畫，張倩儀女士給啓先生來函詢問相關線索。先生即與傅熹年先生具體商洽，然後在信箋上一一列出目錄，注明收藏地，以便於查找。為省卻張女士辨認他字跡之勞，隨即又讓我謄清一份，給張女士寄去。

啓先生為中華、商務題詞、寫籤，從不收取分文報酬，對許多老朋友也是一樣。有一段時間，我的親友、同學乃至學生，隨我去拜望啓先生的，往往能得到先生賜予的墨寶。90年代起因求字者實在太多，先生不堪其累。為了保障先生有必需的工作與休息時間，師大派校長辦公室主任侯剛老師為先生接待、安排此事，學校所收費用均專項登記、管理。有時也有直接送到先生手裏一些潤筆，先生便會馬上拿出來資助友人和學生；有時則婉言拒收。有

啓功為燕子石硯題詞(1983)

簽名贈書

一次一位熟人來先生處取字的同時，拿出一個裝了錢的信封遞給先生，先生馬上說："你拿回去！"那人堅持要給，先生有些動怒了："你要給錢的話，這字就還給我！"那人只得趕快把信封裝進了口袋。當然也有些不明事理的人，以為錢能通神，那就大錯而特錯了。有一回（大概是在80年代中），一個好像是從臺灣來的訪客上門求字，居然大言不慚地對先生說："你給我寫幅字，我有米（美）金。"先生馬上學他的口音說："米金吾也有，所以吾不寫。"搞得那人很狼狽。還有一次，先生正躲在師大專家公寓集中精力寫文章，接到一封日本來信，是向啓先生求字的，信中說他們可以為此提供十張北京到東京來回的機票。啓先生見信大樂，對我說："如果我有分身之術，可以變成十個人來回飛；要不就有病了，一趟接一趟去日本，來回來回地飛！"

有一次，啓先生應邀到新加坡訪問，在造訪廣恰法師宅院時，法師遞給啓先生一行人每人一封紅包。先生知道直接推辭不合禮節，馬上回轉身去，將紅包供於法師佛堂的佛像之前，合十行禮，其餘人也都照此辦理。只有啓先生這樣的大仁大智之人，才能出於慈愛之心，將此事處理得如此妥帖，我想廣恰法師當時也一定佩服得五體投地了。

捅馬蜂窩

8 捅馬蜂窩

寬厚待人、仁慈隨和的啓功先生，在學術上卻從不隨波逐流，而是勇於探索，敢於創新，始終保持可貴的獨立的學術品格。用先生自己常講並寫進詩裏的一句話，就是要"捅馬蜂窩"。先生的文史研究與詩、書、畫均堪稱大家，於書畫鑒定更是舉世公認的權威專家，70年代在中華書局時就被編輯們稱道為"五項全能"。而這些成就的取得，和他在學術研究及藝術創作中一貫堅持的創新精神是分不開的。

啓先生在詩文聲律、漢語語法、古典詩詞及書畫理論等領域的學術創新，有他已經發表的論著為證。我也曾寫過幾篇較淺顯的文章，在報刊上刊登，並蒙先生認可；這些文章將附錄於書後，故不再在此贅述。下面僅補充些事例來説明。

1979年4月5日，啓先生正式恢復為學生講課的第一課，是為我們這文革後的第一屆研究生講"唐代文學"。我最近找出了27年前的聽課筆記，看到先生開宗明義講的一

番話就充滿了"捅馬蜂窩"的精神。先生説:

> 如何研究唐代文學?要進一步研究"文學史"本身存在的問題。現有的"文學史"書有一定的局限,不可不讀,亦不可太讀。祇讀這個(文學史書),而不看作家的全部作品是不行的。我們要真正瞭解一個時代,瞭解作家、作品,要讀"文學史"以外的東西,會大有作為。要居高臨下,不要被某些人的議論所嚇住。

可以説,先生在課內外給我們所講的全部內容,不僅僅局限於唐代文學,全都貫穿了這種居高臨下、不為固有及"權威"結論所束縛的精神。例如他在講完了系裏規定的唐代詩文的內容後,專門為我們加講了一次"八股文",從毛澤東視察陝西時找《制藝叢話》講起,先探究八股文的來源,分析八股的弊端,然後提問:"那麼,八股為甚麼能通行六百多年?"接着,便從八股文的邏輯、語言特色及所要求的義理、詞章、考據學問等方面提出了自己精闢的見解。這次講課的內容,後來便擴展為他的專著《説八股》,不僅開拓了研究八股文的視野,也豐富了探求中國古代語言規律的內容。可是,啓先生的這種學術創新,決非是突發奇想或故作驚人之語,隨意構建空中樓閣,而是建立在扎扎實實地調查、積累資料,認真考析,科學思辨的基礎之上的。先生生前曾對我説他花費不少工夫來收集有關八股文的古籍,希望他身後能將它們捐給學校圖書館。先生去世後,我應景懷先生之邀為啓先生收藏的這類書作了編目,總數有百種之多,其中不乏清初善本。在清

道光版的《制藝叢話》的天頭，先生還寫下了許多精彩的朱字批語。

先生在書法學上的推陳出新，集中表現在他的《論書絕句一百首》和《論書箚記》之中，而其他學術上的創新，也常常會在他的詩詞作品裏生動形象、幽默鋒利地透現出來。例如他的《論詞絕句二十首》和《論詩絕句二十五首》，幾乎每一首都頂得過一篇萬言論文。如他揭示杜甫有的詩不合韻律的一首：

>"昔有佳人公孫氏，一舞劍器動四方。"
>便唱盲詞誰敢議？少陵威武是詩皇。

啓先生為我們講課時吟誦此作，將詩中所引杜甫《觀公孫大娘舞劍器行》前兩句的平仄一一標出，居然是"仄仄平平平平仄，仄仄仄仄仄仄平"，當然大不合詩律，可從未見有人批評。經先生點明，大家對不盲目迷信權威以及為甚麼要"具體作品具體分析"，有了新的體會。

眾所周知，啓功先生對《紅樓夢》裏所反映的語言、服飾、器物、習俗、官制等都有精到的研究，他所寫的相關論文和做的注釋成為閱讀與研究《紅樓夢》的入門書。可是，自80年代中起，他很少參加"紅學界"的活動，也決不以"紅學家"自詡。有一次我看到報紙上宣傳北京西山某處發現了"曹雪芹故居"，向先生問起此事，先生便拿出他的詩詞稿本來，給我讀他新寫的一首《南鄉子》詞：

一代大文豪，晚境淒涼不自聊。聞道故居猶可覓，西郊。彷彿門前剩小橋。　訪古客相邀，發現詩篇壁上抄。愧我無從參議論，沒瞧。"自作新詞韻最嬌"。

先生對我説："某某人邀了一批學界朋友去看，鍾老也去了，看者有不少疑問，而我乾脆不去，沒瞧，省得瞎抬槓。"據説事後有人考證那些抄在牆壁上的詩是晚於曹氏的一位女詩人所作；但仍有人堅持説那是曹氏故居，至今依然作為景點開放供遊客憑弔。我對啟先生講起60年代曾見過華君武先生畫過的一幅諷刺"考證曹雪芹有幾根白髮"的漫畫，印象深刻。先生説："現在的紅學家、曹學家可比那時更熱鬧了，有的更玄，更不着邊際，而且還內訌不止，所以我決不去湊熱鬧。"在我的記憶裏，這些年來啟先生只應邀參加過馮其庸先生紅學新著的座談會，會議在文化部藝術研究院召開，我也叨陪末座。啟先生還在會上稱讚了馮先生堅持從小説文本出發，走研紅正道的治學態度。

眼下，請人題詞題詩為自己説好話或做宣傳以達到某些目的已形成風氣，啟功先生遇到的為數不少，但先生絕對有自己的原則，即自己不認同、不讚許、不瞭解的決不苟同隨俗，實在無法推卻，便以委婉的語氣、幽默的語辭寫出表明己見的詩句來。例如名聞遐邇的少林寺要紀念建寺1500周年，請先生題詞，先生援筆寫了六首五古，請看其中三首：

> 受衣命懸絲，遠走莫遲留。
> 寂靜宗門中，何以生戈矛。
>
> 德山捧其徒，南泉斬其貓。
> 既秉具足戒，殺氣一何高。
>
> 一千五百年，相去如朝暮。
> 多習安般禪，少計檀施數。

深得佛理精髓的啟功先生，對人們津津樂道的少林寺的尚武傳統，與當今有些寺廟計較施捨收入的世俗風氣，表明了自己不予贊同的鮮明態度。啟功先生長期擔任中國書法家協會的主席、名譽主席，在中外書畫界享有很高的聲譽與威望，但是這也給他帶來了不少忙於應酬的苦惱。有時，請他題寫賀辭、展名、書名的絡繹不絕，難以招架。即便如此，他也仍堅持自己的原則，不說違心之言。有一年，北京要舉辦日本"現代派"書法展，請先生題辭。先生一向對"現代派"書法有自己的看法，特別不讚許將字寫得彎七扭八讓人看不懂而自詡為"現代"，於是就提筆寫了一首四言詩：

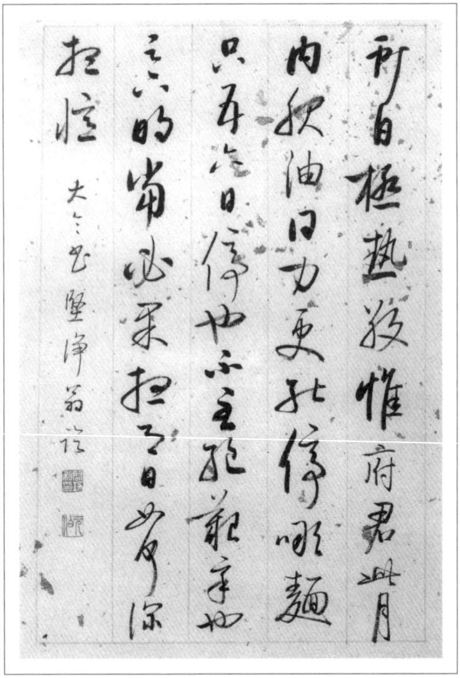

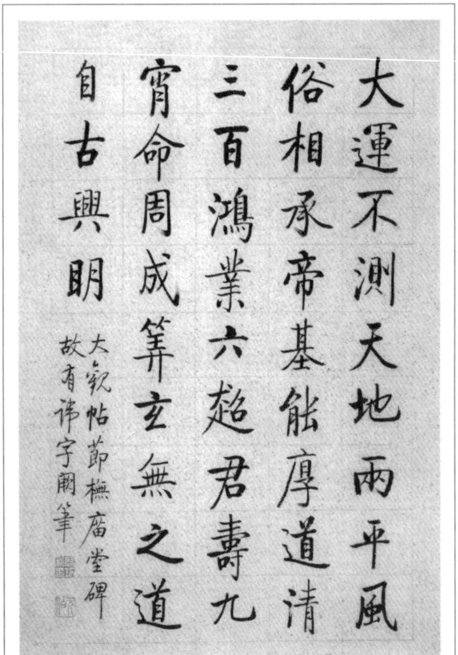

而自極熱後惟府君肖
內秋油口力更北停咻麵
只牙㫋日停也不主死非宇也
三的尚必来担乃日必身凉
担怪
大三公堅淨弟竝

大運不測天地兩平風
俗相承帝基能厚道清
三百鴻業六超君壽九
宵命周成筭玄無之道
自古興明
大鼎帖節撫宙堂碑
故有譌字闕筆

啟功臨帖作品

水如衣帶，人民友愛。
文字同源，書風各派。
璀璨斑斕，陸離光怪。
顧後瞻前，稱曰現代。

前四句肯定了中日的友好交流與書法流派，後四句則對光怪陸離的"現代派"表示了自己的意見。有一次先生開玩笑似地對我説："如果有一位'現代'或'超現代'派的書家把他的作品掛在我牆上，那可慘了！"我問為甚麼，先生説："我實在看不懂他寫的是甚麼字，又不甘心就這麼花裏胡哨地掛着，那就得整天去琢磨究竟是些甚麼字，多費勁啊！"先生主張創新，必須要先打好基本功，遵守基本規則，寫字、畫畫、做學問都是如此。有一年，先生的朋友書法家歐陽中石先生提出希望和先生合招書法博士生，先生對他説："您得先回答我一個問題：甚麼樣的字是博士的字？"見歐陽先生沒有回答，先生笑曰："那在下就恕不從命了！"

　　現在，許多習字者喜歡"啟體"，殊不知"啟體"是啟功先生在數十年學習優秀傳統書體的書法實踐基礎上形成的。上世紀70年代後，啟功先生以書法名世，其集遒勁、秀美於一體的"啟體"成為許多書法愛好者紛紛摹習的楷模，求字者亦絡繹不絕。對此，先生自己並不以為然。他

啟功講書法
（孫建華攝於1999年6月）

曾多次對來訪者講："似我者死。你們應該從基本功着
手，採眾家之長，再形成自家的風格。"記得有多人問起
先生如何練字，所習何體，先生便笑稱是"抄大字報"所
練，故曰"大字報體"。其實，先生自幼刻苦臨習各家名
帖，至老不輟。我曾收集過先生早年所寫文章的複印件，
均是歐、顏體的楷書。他所臨王羲之、陸機、智永、顏真
卿、柳公權、歐陽詢、懷素、米芾、宋徽宗各帖，筆劃不
求全似，而神氣活現，皆極具功力。

先生臨帖，追求的是神似。他的論書箚記有云："或
問臨帖苦不似奈何？告之曰：永不能似，且無人能似也。
即有似處，亦只為略似、貌似、局部似，而非真似。苟臨
之即得真似，則法律必不以簽押為依據矣。"他也不贊成

違反基本規則的別出心裁。我記得有一次一位外地的年輕書法家拿了一大摞他的"草書"作品來請先生過眼，說自己已有"突破"。先生認真地看了幾張，然後指着其中的幾個字說不認得是甚麼字，問他為甚麼要這麼寫，那位年輕人自己也說不清楚。先生很嚴肅地對他說："草書並非隨意地飛龍走蛇，隸書、楷書有規，行書、草書亦有矩，不管是甚麼'草'，也都受規範約束，有規律可尋，要避免寫錯別字，更不能生造一些別人都看不明白的字。"先生對自己要求極嚴，有時給人題寫書籤，連寫八九幅還不滿意是常有的事。有好幾次我想將他揉掉的字"搶救"下來，都被他嚴肅地制止了。2003年12月20日，先生在"啓功書法學國際研討會"的開幕式上誠懇地講："希望大家給我懇切的教導，不管我現在寫的有多麼醜惡，但是希望還有進步的可能。……使我能夠再有一寸一分的進益，那我就感謝不盡了。"這並非虛語。前些年，我有好幾次去先生住所，都看見他將用過的宣紙乃至廢報紙裁成20公分左右見方的紙樣，用來習字。先生有的臨帖作品，在旁人看來已到了爐火純青的地步，可先生仍一遍遍臨寫。藝無止境，視學習為生命，這正是先生的精神所在。

其次，先生一生所見、所習古人碑帖何啻千萬，但在具體認識與方法上，主張"碑帖並重，尤重臨帖"，即應特

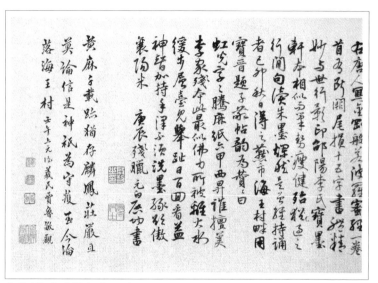

敦煌寫經啟功題跋（1940）

別注重臨習古人的墨蹟。對此，先生專有一首《論書絕句》云：“少談漢魏怕徒勞，簡牘摩挲未幾遭。豈獨甘卑愛唐宋，半生師筆不師刀。”先生認為，雖然好的碑拓基本上能保留原作的風貌（尤其是間架結構），但筆墨的枯潤濃淡及運筆的細微連綴與筆鋒卻難以傳真。因此，先生特別看重敦煌寫本在書法學上的價值。先生自己收藏了幾個敦煌寫卷，特別珍惜。其中有一個黏貼了若干時代不同寫卷殘片的冊頁，是多年前先生從中國書店購得的，當時有些人以為乃殘簡斷片，無足輕重，售價不高，先生卻視為珍寶，常常在夜深人靜時取出細細觀摩。先生有一首《唐人寫經殘卷贊》寫道：

義文頡畫，代有革遷。真書體勢，定於唐賢。敦煌石室，丸泥剖矣。吉光片羽，遂散落乎大千。晴窗之下，日臨一本，可蟬蛻而登仙。人棄我取，猶勝據舷。信千秋之真賞，不在金題玉躞，濡毫跋尾，殆自忘其嬌妍也。

讚美之情，躍然紙上。有一年，先生將他珍藏的兩個敦煌寫卷捐給新建成的印刷博物館後，又對我說：「這是我頂禮膜拜的老師啊，我練書法，得益於敦煌寫經最多！」2004年夏天，先生的健康狀況已經很差，他還囑咐我複印敦煌本千字文的照片，準備撰寫新的文章。同時，先生對古人的一些不科學、不合理的書法「定論」，如在握管、懸腕、運筆、結字上的一些說法，也敢於「捅馬蜂窩」，破除迷信，提出自己的見解。此外，先生還發現了寫字結構上的「黃金律」，這也恰是先生寫的字秀美、耐看的奧秘所在。啓先生曾兩次應美國大都會博物館之邀去參加書畫研討或鑒定。1999年10月12日，在紐約的「中國藝術之真實性研討會」召開當日，中文的《美國世界日報》有一篇題為《啓功來紐約，觀賞溪岸圖》的專題報導，前兩段文字如下：

甫抵紐約的大陸國寶級書法家、鑒賞家，中國書法家協會名譽主席啓功，十日在多位書畫鑒賞名家的陪同下參觀大都會博物館，並特別觀賞了被稱為「中國的蒙娜麗莎"，備受爭議的五代畫家董源名畫《溪岸圖》。

今天，來自海峽兩岸及美國的書畫鑒家將齊聚曼哈坦大都會博物館，就這一名畫的真偽進行辨析。啟功將是首位重要講者。

啟先生在會上作了題為《畫中龍》的演講，得到與會者的高度評價。會後，還在紐約舉行過一次新聞發佈會，有位外國記者問先生："您是否覺得看中國畫和外國畫不一樣？"先生答曰："當然不同。"問："有何不同？"答："西洋畫講焦點透視，中國畫則講散點透視。"又問："何謂散點透視？"答曰："你們不是熟悉導彈嗎？即可以此作比：中國畫一幅畫面上的山水、人物、房子，其實並非都在某一點視力所及範圍之內，這就謂之'散點透視'，就好比導彈會拐彎，能打到山背後一樣。"因為1999年5月8日北約用導彈無理轟炸我駐南使館，引起全球強烈反響，當時大家還記憶猶新，先生這一番話遂引起哄堂大笑。先生回京後和我談及此事，我說："您可真敢捅啊！"先生在書畫鑒定上的灼然慧眼和精深造詣，舉世公認，已為無數生動的事例所證實，無須我再贅敘。只是對這樣一項啟先生自稱是下工夫最多的事業，在一些世風人情或特殊因素的干擾下，先生也常常為之苦惱，不得已遂發明了一個名詞叫"模糊鑒定學"。即便如此，先生堅持真理的鮮明態度與基本精神仍使得一些人的私利受到影響，嫁怒於先生。為此，先生曾幾次收到過極為惡劣的匿名恐嚇信，甚至咒罵先生為"館閣餘孽"、"何不早死"，先生看後只是莞爾一笑。就在先生仙逝之後，居然仍有斗筲之輩在網站上散佈流言惡意攻擊，這種卑劣的手段也證明了這些人害怕真理的陰暗心理，絲毫無損於先生偉大的人格精神。程毅中先生在啟先生去世後寫的一篇緬懷文章裏有這樣一段話，說出了大家的心裏話，現徵得程先生的同意節引如下：

> 他是當之無愧的大師。近年來，我和他接觸較多，越來越認識到他不僅如前人所豔稱的詩、書、畫三絕，而是有很多絕學，如文物鑒定學、古代字體學、漢語現象學等，有些是獨創的新學科。而且他善於綜合利用各方面的學識，獨闢蹊徑地解答疑難問題。這樣的國學大師的確是"不世出"的。他的為人更是眾望所歸、眾口一詞的大好人！他對前輩如此尊敬，對友輩如此厚道，對後輩如此關愛，因而贏得了眾人的敬愛，這是天道，這是人心。他發揚了傳統文化中的優秀成分，作了科學的解釋，加以切實的奉行。中華民族的傳統道德，在他身上有了新的昇華。
> （中央文史研究館編《詩書畫》2005年11月）

有中華優秀傳統文化深厚學養為基礎的永不停息的創新精神，正是啟功先生充滿魅力的獨立的學術品格的靈魂所在。

赤子童心

9

赤子童心

凡是 2002 年前去過啓功先生紅六樓二樓寓舍的人，大概都看到先生客廳裏的一個玩具櫃，裏面擺滿了大大小小、各式各樣的毛絨動物玩具，櫃上還貼着先生親筆寫的字條："只許看，不許拿。"此事傳開，大家都知道先生喜愛小玩具，一些客人便帶玩具來送先生，使得不但小小的櫃子裏塞得滿滿當當，先生的沙發背、小桌子、牀頭有時也被這些玩具動物所佔領。有一回先生從國外回來，過海關檢查行李，海關工作人員看見包中有一隻電動兔子，十分不解，先生便當場撥通開關，兔子搖頭甩耳發出叫聲。先生說："Made in China，我這是出口轉內銷啊！"大家全都樂了。其實，先生櫃子裏的玩具，是經常有變動的。我兒子新夏上小學前也愛好小玩具，有一回跟我去啓先生家，他可不顧那櫃門上貼的"誡語"，伸手拉開櫃門，我還來不及阻止，他一把便將裏面的一件小貓玩具拽了出來，而且將連着的一個小鏈條也扯斷了。我很生氣地叱責兒子，而先生反而笑呵呵地說："讓他好好玩！這玩具就是

啟功送給研究生玩具後一道合影

《啟功抱蛙圖》

"只許看，不許拿"

要玩的嘛！"後來，因為我孩子屬虎，啓先生還專門拿出一頭有半米多長的老虎玩具讓新夏抱着跟他合影。有時我出國訪問，也特意挑些玩具帶回來給先生；而先生往往收下我帶去的，又塞給我他屋裏原有的，名之曰"交換"。至今我孩子牀頭還擺着的一頭小布熊，就屬於這樣的"交換品"，那原是日本友人送他的。前面提到的那隻電動兔子，先生也早已送給了我孩子，可惜現在已經不能再搖動了。就在2003年元旦前不久，中文系古代文學專業有兩位碩士研究生到啓先生家求教，談話結束後，先生拿起兩件毛絨玩具遞給她們，說："一人一個。你們也是孩子，祝你們新年快樂！"我趕緊拿出相機來，留下了先生和她們的燦爛笑容。

喜歡玩具，這只是體現啓功先生童心的一個小小的側面。先生的赤子情懷，可謂既深且廣，時時處處展現無遺，感人至深。

我特別清楚地記得80年代初，有一次一位在中央教育科學研究所研究兒童教育的女士到小乘巷拜訪啓功先生，先是講了許多中國小學生寫字差而日本孩子毛筆字寫得如何如何好、中國書法將後繼無人的話，然後問先生："您認為現在小學生練字，應該先學寫何人的字帖呢？"先生馬上答曰："山本五十六。"那女士沒明白，先生又說：

"您不是講日本人的字寫得好嗎？您看那日本大海戰電影上山本五十六的字寫得多棒啊，就學他的罷！"那女士這才掂出先生話裏的份量來。那位女士走後，先生對我說："我們當然不能妄自尊大，但中國的書法大概還沒有危機到她講的程度。至於小學生練毛筆字有好處，但不必硬性提倡，因為他們有更多的文化知識要學。把外國的教育不加分析地吹得神乎其神，我們吃這虧多了。"先生也不贊成鼓吹"神童書畫家"，在好幾次少兒書法賽的發獎會上，他都強調學生應該首先將各科文化知識學好。文革結束後不久，南方某省有一位喜歡畫水墨畫的小朋友畫得不錯，被一些人譽為"天才兒童"、"神童畫家"，先生覺得這樣捧對孩子有害無益。有一次，一位客人拿來一幅這個小朋友畫的竹子請啓先生題跋。先生看到畫面上的竹枝在風中飄曳，略加思索，便題了"莫作風派"四字，搞得來客滿面艦尬。其實，先生是告誡這位小畫家莫要為輿論左右，要有主心骨，才能有大長進。還有一次，他給一位獲得書法比賽一等獎的小朋友發獎，俯下身子去低聲地對那小冠軍說："你可要學好語文、數學啊！"先生幾次感慨地說："鼓吹兒童書法家，真有點近乎耍猴，害人哪！"我的外甥女郭淩小時候也練習畫國畫，特別是墨竹畫得還算可以。她九歲時，我父親將她畫的一幅墨竹寄來，讓我呈給啓先生指點。先生肯定了這畫的優點，然後拿起筆來題了"虛心向上"四個字，既點明了竹子的特點，又教育孩子懂得不要驕傲才能進步的道理。先生還有一次給郭淩的畫題了一首三言詩，也是勉勵她要虛心學習的。啓先生寫過這樣一個題詞："德智體美，四育兼備，長幼同需，青年為最。"寄託了他對青少年的殷切期望。

啓先生和師母沒有生育子女，有時先生還自嘲"我沒有資格談孩子的教育問題"，但實際上，啓先生不僅特別喜歡孩子，也特別能理解兒童的心理和需求。二十多年來，他和內侄章景懷、鄭喆夫妻一直生活在一起，也看着他們的孩子章正長大。章正小時候，我聽見啓先生逗他時最常説的話就是："你行嗎？你能嗎？你敢嗎？"引導他自尊、自信、自強。我的孩子碰巧和我的同門學長來新夏教授同名，啓先生幾次用開玩笑的方式鼓勵他："柴新夏要超過來新夏呀！"我孩子上學前身體較弱，有時生病，先生會一天打幾次電話來詢問病情；孩子上中學後，先生見我的第一句話往往是"你那小將如何"。我孩子考上中國地質大學地質學專業，不少人不理解，啓先生卻拊掌稱好。啓先生的內侄孫女王悦自幼聰慧，先生在小乘巷居住時就時時加以關懷。王悦到美國留學，常打電話來向姥爺匯報學習情況。1997年，王悦考試成績優秀，啓先生特別高興地提筆賦詩一首：

兒童有夙緣，小悦外孫女。
提攜至長大，事事牽腸肚。
留學美利堅，我年八十五。
考試獲全優，令我喜起舞。

王悅在美國通過博士學位論文後，先生不顧自己年邁體弱，還準備親自到大洋彼岸去參加畢業典禮，後為親友勸阻未成行，還遺憾不已。

　　有一天，一位美國的漢學家帶着自己不到十歲的孩子到小紅樓拜訪啟功先生。因為會講幾句漢語，這位美國教授談話間頗露自得之情，在談論中國學術時滔滔不絕，也不甚謙虛。他的孩子端坐在一旁，無事可做，又聽不明白，甚感無聊。啟先生乘漢學家說話的間隙，掉轉話頭問他：「您會唱《三隻瞎耗子》的英語歌謠嗎？」那位教授正說得在興頭上，被啟先生這一問，有點發蒙，連連搖頭。這時，啟先生不緊不慢地用英語唱了起來：「Three blind mice, three blind mice,......」那美國小孩馬上高興得站了起來，跟着先生一道唱起來。原來，這是一首英格蘭童謠，那位教授不會，而他的孩子卻會唱。用英語唱完一遍，啟先生又用中文將歌詞朗誦了一遍，教那孩子也跟着學：「三隻瞎耗子，三隻瞎耗子，……」那位教授想不到眼前這位中國老先生會如此流暢地背誦英語童謠，更想不到老先生用這樣的辦法調動了孩子的積極性，也為只顧自己逞能而冷落了孩子而慚愧。後來，啟先生還專門將這首童謠朗誦給我聽，可惜我沒有學過英文，記不清全詞。在寫此書時，我求助於北大比較文學專業研究生畢業的楊凡女史，承蒙她很快將這首英國畢翠克絲•波特（Beatrix Potter，1866-1943）所作的童謠（原名為《塞西莉•琶絲莉的兒歌》）找到。現在將原文及漪然的譯文附在下面，供有興趣的讀者參閱：

Three blind mice,

three blind mice,

see how they run!

they all run after the farmer's wife,

and she cut off their tails with a carving knife,

did ever you see such a thing in your life?

as three blind mice!

三隻瞎耗子，

三隻瞎耗子，

看牠們怎樣跑！

跟在農婦身後跑，

她拿起一把小餐刀，

三根尾巴全沒了，

你可見過這樣的事，

就像這三隻瞎耗子？

啓先生未說過他是怎樣學會唱這首童謠的，可據我所知，他為了寫《漢語現象論叢》中的論文，曾經將整本的英語語法書通讀一遍；他的論文中引述了中國童謠《兩隻老虎》，很可能正是為了進行語法比較而熟讀了這首英國童謠的。1996年10月，啓先生到倫敦大英圖書館觀看敦煌寫卷，東方部主任吳芳思女士的兒子很快就喜歡上了這位和藹、幽默的"中國爺爺"。吳芳思告訴我，以後凡是聽說圖書館來了中國客人，她兒子都要問："是啓功先生嗎？"

啓功與少年兒童在一起

啓功為兒童題畫

急救災區，尤其
要救災區的孩子：
孩子的生活、孩子的
教育，真比我們
的生命還重要！
急救災區！
急救孩子！
一九九八年九月十日
北京師範大學
啓功敬告

啓功書"急救孩子！"

　　啓先生對兒童的愛心，體現在方方面面。就在80年代後期到90年代中期，小紅樓賓客盈門，先生最應接不暇之時，凡是事關少年兒童的寫字、題詞或參加活動的請求，他從不拒絕，總是付出心血，樂助其成。我聽先生講過這樣一件事：某天上午，先生起身後去開門，看見有兩位少年蹲坐在門口，吃了一驚。問他們有何事，答曰："我們是某中學的學生，喜歡啓爺爺的書法，想親眼看看啓爺爺寫字。"先生忙將他們領進房間，也不顧自己還未早餐，就研墨展紙為他們寫字示範。據侯剛老師介紹，啓先生曾多次為賑災捐款，特別是關懷災區兒童的生活與教育。1998年9月10日，他為長江流域特大洪澇災害賑災活動寫下了這樣一幅特殊的題詞：

　　　急救災區，尤其要救災區的孩子！孩子的生活、孩子的教育，真比我們的生命還重要！急救災區！急救孩子！

　　短短四十一個字，連用了四個感歎號，在我所知的先生題詞中，僅此一例。前不久我看到有個網站上在拍賣傳為啓先生應某兒童基金會負責人之請寫的題詞"十年樹木，百年樹人"，從網上公佈的圖版來看，恐怕並非真跡，否則那位負責人真正要愧對先生的在天之靈了。

難得休閒

10

難得休閒

自上世紀80年代初起，啓功先生參加的社會活動日益頻繁，到師大小紅樓來的賓客也往往接踵盈門，使先生應接不暇。我去看望先生，有時房間裏的沙發、椅子都已經擠滿客人，連站立都缺少空間，哪裏還能舒心聊天！這種"連軸運轉"（先生自語）的生活節奏，對於一位七八十歲還有許多工作要趕緊做的老人來講，實在是過於殘忍了。有時先生不堪忍受，也會發點小脾氣，也下過逐客令。為此，學校和中文系都專門在先生門上張貼過"勸客告示"，希望能保證先生有起碼的休息與工作時間，但效果不大。有時，先生就只好暫時"退避三舍"，躲到學校專家公寓或外邊的賓館去。先生將此戲稱作"狡兔三窟"，可有時還是躲不開那些"狡猾的狐狸"——幾乎沒有一"窟"是可以安身較長時間的。有一次先生在學校留學生公寓暫住，讓我抽空拿答錄機去錄他口述的身世回憶，可我連着去了幾次，沒有一次不遇到有客人造訪的，錄音之事只得作罷。至於先生到外地訪問，更往往是"行動權"控

丁聰漫畫《大熊貓病了》

制在負責接待的"主人"手中。有時連就餐時也有"筆墨伺候"，叫人食不甘味。啓先生曾幾次對我說："我明兒個去吃'都一樣'！"問何謂"都一樣"？先生答曰："要麼先刷（寫字）後吃，要麼先吃後刷，反正要刷，都一樣！"後來我才知道，在1983年8月，華君武先生還針對此現象專門畫了一幅漫畫發表。啓先生的好友黃苗子亦為此深感憂慮，於是在1984年4月住院療養期間，用"黃公忘"的筆名寫了《保護稀有活人歌》，在《人民日報》上發表，在此不妨將全詩照錄如下：

　　國子先生興破曉，不為惜花春起早，只因剝啄叩門聲，"免戰"牌懸擋不了。入門下馬氣如虹，噓寒問暖兼鞠躬，紛紛挨個程門立，排隊已過三刻鐘。先

生歉言此處非菜市，不賣黃瓜西紅柿，諸公誤入白虎堂，不如趁早奔菜場。眾客紛紛前致詞，願求墨寶書唐詩，立等可取固所願，待一二日不嫌遲；或云夫子文章伯，敝刊渴望頌鴻詞；或云小號新門面，招牌揮寫非公誰；或云研究生考卷待審批，三四十卷先生優為之；或云書畫詩詞設講座，啓迪後進唯公宜；或云學術會議意義重，請君討論《紅樓夢》；或云區區集郵最熱衷，敢乞大名簽署首日封。紛呶未已叩門急，社長之外來編輯。一言清樣需審閱，過期罰款載合約；一言本社慶祝卅周年，再拜叩首求楹聯……。蜂衙鵲市誠未已，先生小命其休矣。早堂鐘響惕然驚，未盥未漱未漱齒。漁陽三撾門又開，鑒定書畫公車來，國寶月旦豈兒戲，劍及屨及溜之哉！吁嗟夫！驊騮騏驥世所少，故伯樂常有而千里馬不常有。百千伯樂一駿牽，甲曰挽軺、乙曰犁地、丙曰使牽鹽。馬思邊草拳毛動（用劉禹錫句），不料諸公偏起哄，五馬分屍喻未當，屍分一馬終何用？大熊貓，白鰭豚，稀有動物爭護珍。但願稀有活人亦如此，不動之物不活之人從何保護起，作此長歌獻君子。

後來，苗子先生曾對來訪的記者蘇文洋談了創作此詩的緣由與動機，還說明詩中“國子先生”的遭遇極具代表性，有典型意義。黃先生說：“現在，對老年知識份子最大的愛護，就是不要把他們的時間支離破碎地耗費掉，盡可能讓他們完成他們心中所要做的事情。"

多少年來，啓先生難得休閒；而我也一直幻想着有朝一日能陪着先生閒雲野鶴般地徜徉於山水之間，輕輕鬆鬆地休息一陣，哪怕只是一兩天也好。這個機會終於在1996年到來了，而且恰好是在我的家鄉杭州。

1996年清明時節，由國務院參事室的王海容女士帶隊，啓功先生與齊良遲等幾位中央文史研究館的專家到杭州去和一些書畫家（包括臺灣來的同道）進行交流聯誼活動。出發前，啓先生告訴我：這回安排的活動不多，也下定決心少刷字，恐怕有空閒在杭城走走。於是，我趕緊買了火車票，提前回到家鄉等候先生。1979年秋，啓先生曾赴杭參加西泠印社75周年社慶，80年代又曾因文物鑒定、參加蘭亭筆會等事務，數次在杭城小住，可是因接待方與省、市政府有關部門熱情、周到的安排，活動頻繁，行色匆匆，加上上門求字者絡繹不絕（從省市各級領導人到普通書法愛好者），根本無暇領略西子湖光山色。記得有一回先生下榻葛嶺下的新新飯店，雖然背山面湖，風景優美，但聞風而至的訪客幾乎踏破門檻，一天房內牆壁上掛的畫框又突然滑落，幾乎砸在先生頭上，哪還有興致觀賞景色呢？先生這次赴杭，活動舉辦方是一位民營企業家，也沒有和當地政府部門打甚麼招呼，免去了官方應酬，加上參加活動的其他朋友也各有自己的安排，所以集中活動所佔時間較少，就有了自由。4月6日下午，我得知此番聯誼的集中活動已基本結束，便和陪同先生來杭的景懷兄商定：7日、8日兩天，就由我陪同啓先生和景懷"自由行"了。

　　古詩云"清明時節雨紛紛"，可這次連老天爺也深知啓先生難得休閒，於是格外照顧，連着兩天風和日麗，天清氣朗，便於我們出行。我請在省文化廳當領導的老同學安排了轎車，7日上午先奔龍井；同時，又請了在浙江攝影出版社當編輯的老朋友丁珊隨行。龍井喝茶觀井的地方很集中，當時遊客不多，也便於我們聊天。我們先去看井。據介紹，用一根木棒或粗樹枝攪動井水，就會看到水中翻動着宛若游龍的銀白色水紋，井名即由此得來。實際上是因為這水的礦物質含量高而致，所以用此水泡茶，味道更佳。過去我來過這裏多少次，往往不是人多，就是水淺，難得攪動觀賞，今天則可盡興而為。俯首仔細瞧着井水龍紋，先生笑着揮動手杖，十分開心地說："這就叫'水不在深，有龍則靈'嘛！"又高興地拉着我們在假山石前留影。然後，我們就在旁邊小小的庭院裏擺上桌椅，品茗談天。其時茶室沖泡的杯茶，似乎並非當年新茶，所以對茶葉較為在行的丁珊說："這茶不算好。"先生便說："這麼好的茶，您還說不好，您要求太高了！"我知道先生有時在北京喝別人送的新綠茶，習慣用手先將葉片捏搓成碎末，沖泡後並不立即喝，而是待茶水快涼時大口吞下，有時別人問起，便說："這叫物盡其用。"所以我們泡了茶便以聊天為主，不能催請先生飲茶。當時海闊天空地神聊，具體的

在龍井品茶

龍井留影

啓功與作者在岳廟

內容都已忘卻，只覺得在清新的空氣裏，聞着淡淡的茶香，聽着先生悠揚悦耳的京腔，真是愉悦身心的大享受。

離開龍井下山，我們便直奔岳廟。進廟門左行，我們先憑弔岳飛父子墓，再依次觀看秦檜跪像、碑廊、"精忠報國"牆、矽化木等，先生均饒有興致。我記得正殿柱子上懸掛着先生1979年重書的讚揚岳家軍的舊聯，要轉回去參觀大殿，先生卻說："這對聯好，我寫得不好，不必看了。"出廟門時，我請先生看門邊牆上嵌着的浙江省文物管理委員會1979年7月所刻的《重修岳飛墓記》，全文曰："南宋岳飛墓為國務院公佈的全國重點文物保護單位。一九六六年秋被毀。一九七九年重新修復。歷時一年，花費人力五萬六千工，人民幣四十萬元。"碑文僅寥寥五十多字，卻發人深省。先生翹起大拇指說："言簡意賅，足抵得過一篇聲討四人幫的長文了。"出了岳廟，我考慮到這天啓先生走路不少，就先送他回賓館休息了。

4月8日上午，我陪啓先生及景懷兄先參觀位於孤山腳下的浙江圖書館古籍部，因為這裏新修了一個碑廊，將遭文革洗劫後殘存的一些碑石鑲嵌起來，其中不乏珍品；而在古籍部的工作人員中，也有先生熟識的余子安、谷輝之等幾位朋友。先生仔細地觀賞了碑廊藏品，尤其對其中幾方明刻《淳化閣帖》殘石發表了自己的看法。當谷輝之女士

啓功講碑

介紹說這些碑刻在文革中因用來墊爐子而得以保存時，先生無奈地搖搖頭說：“也算是不幸中之大幸吧。”丁紅女士問先生上不上楊虎樓去看那裏藏的文瀾閣四庫全書，先生說：“我以前看過，樓太高，今天就不爬了吧。”我們在休息室小坐時，師大校友，也是我大學畢業後同赴新疆工作的好朋友沈暉、沈敏二位也先後趕到了，我們便一邊喝茶，一邊閒談浙圖的古籍收藏與整理情況。古籍部的黃良起先生是刻碑能手，他拿出自己幾件作品的拓片請啓先生指點，先生認為近乎形神兼備，正是能“透過刀鋒看筆鋒”的佳作，大為誇獎。黃先生又取出他家收藏的劉墉法書冊頁請啓先生過眼，先生鑒定系真跡無疑。當黃先生離開休息室去取東西時，王效良副館長(亦是我中學母校校友)介紹說黃先生脾氣較大，有時不大聽從工作安排。啓先生便說：“藝術家皆有自己的脾氣，關鍵是要用其所長，他的碑刻得那麼好，你讓他成天和別的工作人員一道搬書，豈不浪費！”一席話，說得大家點頭稱是。

後來我知道，也正是先生這句話，使得黃先生在浙圖有了更多施展自己才能的時間與空間。（第二年春天，黃先生將那件劉墉法書冊頁交給我，希望能換得啟先生的墨寶。先生說：“我豈能奪人之愛？”遂即在冊頁上題跋後，又書寫一幅作品，讓我一起交給黃先生。這是一段後話。）時近中午，我的父親、母親也從家中趕來與我的老師相聚。我們一道到旁邊的樓外樓用餐，席間三位老人暢敍家常，互道珍重；我們幾個老校友和景懷兒也頻頻舉杯，祝願先生健康長壽。吃好飯，先生又在樓外臺階上和大家合影留念。

午餐之後，先生不想休息，乘興前往靈隱寺。到景區進第一道門，左邊有新的雕塑，我對先生說：聽看過的人說，這些個仿古新作，大都粗俗不堪。先生說：“那咱們就別瞧。”沿小道直行，理公塔、一線天、大肚彌勒像、冷泉亭，先生都饒有興致地觀賞。進第二道由寺廟收票的門，才算進了寺廟，門前兩旁的石塔是唐朝遺物，可惜在高臺之內，無法近觀了。大雄寶殿前蒼松翠柏鬱鬱葱葱，有幾副精彩的楹聯映入眼簾，但大香爐中香火正旺，煙霧繚繞，使人難以定睛細辨，實為憾事。啟先生在大雄寶殿

"你們瞧！"（靈隱寺）

觀看佛珠

裏釋迦牟尼巨像前肅立合十，然後行跪叩之禮。我用相機拍下了這個難得的鏡頭。先生説：“我小時候曾在雍和宮接受灌頂之禮，有皈依法名，會行五體投地大禮。這裏放的木板墊子只能行普通的跪拜禮了。”在廟裏的流通處，先生停下腳步想請一串佛珠，剛開口詢問，即被一位老師傅認出，問：“你是啓功先生吧？”我們在作了肯定回答後，怕引人圍觀，影響出遊的輕鬆氣氛，只好趕緊撤退了。

為了換換新鮮空氣，我建議在植物園下車，徒步其中，再到玉泉觀魚。可這樣一來，步行距離很長，又怕啓先生會太累。可先生卻揮舞着枴杖説：“我比你們多一條腿，還怕走路麼？”我們下車後便讓司機開車到玉泉的停車場等候，約好為我們攝影的丁珊則獨自騎自行車前往。清明過後，植物園裏已是一片青翠，綴滿新綠嫩枝的草木滿目皆是，各色玉蘭滿樹散發芬芳，沁人肺腑，我們三人漫步其間，浴身其中，消除了勞累，也全然忘卻了塵世的喧囂。一路徐行，看着先生舒心之態，我們也顧不上多講話了。約略算來，走到玉泉觀魚庭院，那天起碼走了三四里地，可先生絲毫沒有疲倦之感，真讓人欣喜。我們在魚池旁的茶室歇腳。池中除金色鯉魚外，那些似導彈般身軀穿梭的大青魚更引人注目；當然，更讓我讚賞不已的，是掛在池旁柱子上啓先生書於1983年春天的一副對聯：“魚

啟功玉泉購石

樂人亦樂，泉清心共清。"明代董其昌書寫的匾額"魚樂園"則懸掛其上。於是，我們坐下來，沖一壺茶，話題就圍繞着這對聯展開。事先我曾讓丁珊準備黑白膠捲，可用以拍攝人物特寫。我對先生說："今天請丁珊來照相，但您可視而不見，只顧聊天，這樣更自然些。"先生頷首。我們論老莊與惠子的詭辯，講董其昌的倩人代筆，談童第周先生的金魚基因變異研究；我也介紹了玉泉的傳說故事。就在這熱烈的交談中，先生時而端坐蕭穆，時而拄杖揚眉，時而舉手指點，時而怪樣幽默，這些生動豐富的神態全都被丁珊定格於膠片之中。要離開魚樂園了，啟先生看見有人在賣浸泡在水盆中的圓石，其中呈寶石藍色的，煞是鮮麗，先生也挑了幾塊買下。景懷兄說："這肯定是假的。"先生說："喜歡就好，管它真假。"接着，又拉着我們在這庭院裏合影，可見當時先生心情之佳。

　　兩天陪啓先生遊覽的時間雖短，卻給我和先生都留下了難忘的美好回憶，因為我知道，忙碌與勞累了一輩子的老師，歷盡坎坷，當了名人大家之後更是心勞神疲，難得休閒。啓先生這番能無拘無束地寄情西子山水，實在是上天所賜，也是我家鄉的造化。就在這次杭城之遊兩個多月後，我的父親因腦溢血逝世，樓外樓的午餐成為兩位老人的最後聚會。父親去世後，啓先生一再地安慰我，還特意為我父親書寫了墓碑，父親泉下有知，亦當感到欣慰……

最後的關懷

11 最後的關懷

2002年7月26日，為了慶賀啓功先生九十華誕，全國政協主席李瑞環在釣魚臺國賓館設宴祝壽；文物出版社和北京師大出版社聯合出版了《啓功書畫集》，並在人民大會堂舉行了座談會。宴會氣氛熱烈，會場濟濟一堂，到會者無論是國家領導人、著名書畫家、學者，還是先生的普通學生，都一致讚揚啓先生高尚的人格魅力和傑出的學術、藝術成就，而先生卻依然是用"我哪兒行啊""我做得太不夠""我還要繼續努力"幾句樸素的話來表達自己的心聲。10月，作為慶賀北京師大百年誕辰活動的一個組成部分，師大又舉行了"啓功先生從教70周年學術研討會"，並與全國政協、中央文史研究館、國家文物局、九三學社四家聯合舉辦了"啓功書畫展"。這一段時間，先生雖然比較勞累，精神還算不錯，但是眼睛的黃斑病變，卻發展得很快，原先是看書必須要用高倍放大鏡，現在執筆書寫時無法看清筆道，又不能用放大鏡，因此基本上停止了用毛筆寫字，只能用硬筆替代。2002年冬，啓先生用硬筆在灑

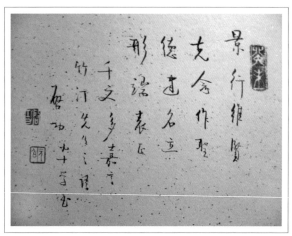

啓功硬筆書《千字文》摘句（2002）

金紙板上寫了《千字文》中的四句贈我："景行維賢，克念作聖，德建名立，形端表正。"這也是先生又一次對我的勉勵。

2003年春，"非典"肆虐，師大校園處於封閉狀態，啓先生無法外出活動，我們也不能進校探望先生。本來先生就很少在校園走動，因為視力不好，有時對面碰上熟人未認出就會得罪人，再碰上求字的也不好應付；現在，連潑墨運氣的活動也停止了，身體機能就急速下降了。很快，先生走路困難了，只能借助於輕鋁製的支撐架慢慢挪動。後來，因為尿路不暢，又掛上了導尿袋。儘管先生仍以一貫的樂觀態度對待這一切，喜稱"我有恩賜紫金魚袋"，畢竟給起居造成極大不便。本來我曾建議先生專寫大字，以恢復揮毫運動，可是先生講那得站立才行，已經力不能及了。可就在如此艱難的處境裏，先生關心的仍是

他人，是國家與民眾的安危。

2003 年 5 月初的一天，文物出版社的蘇士澍社長給我打電話說："啓老認為書畫界、學術界也應該為抗擊'非典'做些貢獻，提議寫詩作詞以慰問白衣戰士，鼓舞士氣。他希望和季羨林先生共同發起此事，你和季老聯繫一下。"我馬上和住301醫院療養的季先生取得了聯繫。當時季老住院已經一年，剛動過手術，就轉請其助理李玉潔女士囑咐我代擬一聯，請書法家代為書寫。啓先生很快用硬筆寫了一首五言詩《堅決掃除"非典"病疫》：

老鼠未過街，欲打只能喊。

瘟疫卻無形，簡名曰"非典"。

晨起發高燒，過午已發喘。

黃昏日落時，氣塞不能緩。

醫者割喉嚨，噴穢全房滿。

左右醫護人，一律遭傳染。

又或體溫低，瞬息全身軟。

不待求醫生，已覺生命短。

天意重生民，百工各有術。

耕種與庖廚，醫療兼看護。

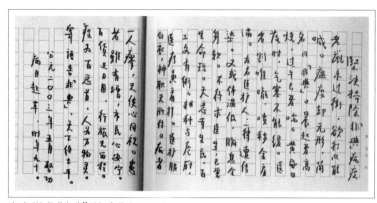

啟功《抗擊"非典"詩》手稿 (2003-5)

醫護服白衣，神職天所付。

病者一人瘥，天使心同祝。

患者雖有增，市民心安寧。

百貨足日用，行旅無流程。

疫為百惡首，人為萬物靈。

寄語告"非典"，天下終太平。

> 公元二〇〇三年五月
> 啟功病目起草，時年九十

在先生的帶領下，近百名書畫家、學者、編輯紛紛提供作品，以最快的速度編成《親情問候》一書，由文物出版社印行，獻給戰鬥在抗擊"非典"一線的親人們，極大地鼓舞了醫護人員。為響應啟先生的號召，當時我也試着步先生所作《鷓鴣天·就醫》詞的韻腳，起草了一首抗擊"非典"詞，因為覺得在個別字的聲律上還把握不準，就打電話向先生求助。先生讓我一句句念給他聽，很快就為我改定了全詞；還怕有誤，又讓我打印後用傳真發給景懷交他過目。

　　2004 年 7 月，我按時辦理了退休手續，先生則多次勉勵我應繼續為書局做些工作，同時搞好學術研究。因為與臺灣的一個教學科研項目有約在先，我於 9 月下旬到臺灣中國文化大學去開設敦煌吐魯番學的課程。臨行前，先生殷勤叮嚀。中秋佳節，我從陽明山上打電話問候先生，先生又一再說："要'節約用電'，注意身體啊！"2005 年元旦，我在臺北中國文化大學宿舍打電話給啟功先生祝賀新年，話筒裏傳來先生十分清晰的聲音，問我："你幾兒回來？"我說："1 月 11 日回到北京。"先生高興地說："那好，還有10天，我們又可以見面了。"回京後本想第二天就去師大，先生卻在電話裏關照我歇一天再去。1 月 13 日，我和夫人孟衛一道到師大紅六樓看望先生，卻感覺到他的身體已大不如前。他在向香港來的鍾氏兄弟介紹我時，說話斷斷續續，相當吃力，聲音微弱，一句"這是我最好的朋友"分了三次才說全；而且在椅子上已不能坐穩，慢慢向右傾斜，他的內侄景懷為他墊上毯子，可身子仍然下滑。我們心裏很不好受，怕先生太累，趕緊要辭別，先生卻堅持留我們多說幾句話：關切地問我們中華書局新出的書，問我孩子的學習和身體，問鍾氏兄弟海外文

物的回歸情況……

　　1 月 21 日，因身體實在虛弱，啟先生入住北大醫院第
二住院部幹部病房。22 日是週六，上午近 10 點，我陪專程
從杭州坐火車來的丁雲川同學到病房探望，先生正躺在牀
上接受點滴，臉色蒼白，精神不好，但思路仍清晰。他對
我說："你看我現在真洩氣，甚麼也幹不了。"又說："文
物出版社印《萬歲通天帖》，要超過日本人，我現在真想從
牀上蹦起來大幹一場，可惜力不從心呀！"他對丁雲川
說："我們好久未見面了。"又問我："杭州還有一位姓丁
的女士，好像是一個人帶着孩子？"我知道他是指浙江攝
影出版社的丁珊，96 年先生在杭州時，我請她一起陪着到
龍井、玉泉等處遊覽，並專門為先生拍照，先生一直記得
她。我說："她也退休了，還在浙江美院兼課。"丁雲川拿
出他收藏的譚嗣同寫的扇面給先生看，先生雖已瞧不真

切，但馬上說："譚嗣同是我們衷心敬佩的偉大的愛國者。"我馬上說："您連用了兩個準確的定語，思維清晰，可見不必氣餒。您要好好在醫院療養，配合醫生，別着急出院。"病房較熱，我勸先生多喝水，他馬上拿起牀頭的水杯，用吸管喝了水。

1月28日下午3點多，我到病房去探視。在醫院一樓走廊上碰到剛探視完先生出來的李從軍先生，他也很為先生的病情擔憂。進了病房，我見先生還在輸液，他的侄孫章正在房內值班。先生對我說："上午程毅中先生來了，我沒有力氣說話，只好拱手作揖表示感謝。昨兒個袁行霈先生來，講了詩詞注釋十條，我很贊成，很高興，可惜我做不了了。"我說："您現在最主要的任務是養病。"他閉目養了一會兒神，睜開眼非常清晰地對我說："劍虹，我現在的心情很矛盾啊。我也希望家人親友坐在身邊，多聊一會兒；但也不願意你們瞧見我這模樣心裏難受。這房間裏空氣也不好，咱們見了面了，你就回去吧。"接着就又閉上了眼。我坐在他牀前沒動。他就招呼章正："章正，你把柴大大送走。"章正說："爺爺你放心，我會完成這個任務。"我十分明白先生的心意，站起來告辭。在病房門口，章正向我介紹了這幾天的情況：雖然虛弱，但檢查身體器官沒有新的毛病，可是比較急躁，老鬧着要出院。我回家後給袁行霈先生打電話，問他跟啓先生講的“詩詞注釋十條”。袁先生説當時並沒有跟啓先生講這個，而是講溫家寶總理訪德，德國總理送了一輛賓士車；溫總理回國後將車轉給了中央文史研究館，説應該讓老先生們坐這車。袁行霈對啓先生説：“您好好養病，出院後請您第一個坐這輛車。”當時先生聽了還直豎大拇指。可是，作為館長的先生一直惦記着文史館要編選館員詩詞的事，向我提到袁行霈副館長去看他，自然便想起這件事了。可見先生雖躺在病牀，腦子裏一直想着要做而沒有做完的事。

2月3日我全家到廣州去和老母親及弟、妹一起過年。大年三十我還發短信、打電話給先生拜年，知道先生在前一天執意出院回了家，雖然還是臥牀，但精神尚可。年初三下午，我回到北京，傍晚給景懷打電話，才知道先生年初一下午在家突然昏迷，送醫院搶救時已十分危重，經在重症監護室兩天救治，好像開始有些知覺。因為在搶救中，不允許去探視，大家只有在心裏默默地為先生祈禱，期盼能出現奇跡，讓先生度過難關，轉危為安。在以後的四個多月裏，我曾去探視過幾次。先生大多數時間裏仍處於昏迷狀態，有時能聽見親友在旁呼喚，會睜開眼睛有所反應，也能連續撥動手裏的念珠，但始終不能再開口説話。6月11日是端午節，正好又是可以去醫院重症監護室短暫探視的週六，下午4時許，我到監護室外等候，看見了先我進病房探視的先生的幾位親屬，出來時眼睛裏都噙着淚，都説先生在睡眠中。我走到先生的病牀前，先生恰好睜開了眼睛，右手捏着的念珠緩緩地撥動了一下。鄭喆對他説："三姑爺，柴劍虹來看您了，大家來看您了。"先生睜着眼，沒有反應。我俯身垂首望着他依然慈祥的面容，心裏有千言萬語要向老師訴説，卻不敢發出聲來，怕驚擾了他的安寧。先生的眼睛又閉上了，他在和病魔作頑強的搏鬥，實在是太累太累了！我猛然意識到，我可能再也聽不到老師親切和藹的聲音了！眼淚止不住奪眶而出。先生生前對我説的最後的幾句話仍然是對親友、學生的關懷，對未竟事業的關切，這就是先生的偉大人格與風範！

6月30日凌晨2時25分，啓功先生逝世。噩耗傳出，舉世同悲。中國失去了一位最有親和力、德高望重的教育家、藝術家和國學大師。我失去了最敬仰、慈愛的導師，心中的悲痛難以言狀。我在上午趕到了分別設在師大英東樓和紅六樓家中的靈堂，敬獻上凝聚着我千言萬語的輓聯：

數十載嚴師恩銘心刻骨，千萬般慈父情似海如山。

"學為人師，行為世範。"啓功先生為母校擬定的校訓，正是他一生的真實寫照。有一位國家領導人曾在寫給啓先生的親筆信中稱道先生是"國之瑰寶"。啓功先生駕鶴仙逝了，但他的遺愛永留人間。這本書寫到此時，萬眾矚目的2005年度的"感動中國人物"的評選工作剛剛結束，電視熒屏上激動人心的頒獎場面上時時閃耀着啓先生書寫

設在紅六樓家中的靈堂（2005-7-3）

的"感動中國"四個大字，這又使我感到十分欣慰，因為啓功先生也將永遠與這些傑出人物一道感動中國和世界。我的老師留給我們的，是高聳入雲的道德的豐碑、學術的豐碑、藝術的豐碑，是記載着一位教育家、國學大師心路歷程的歷史的豐碑，是整整一座燦爛輝煌的博物館……

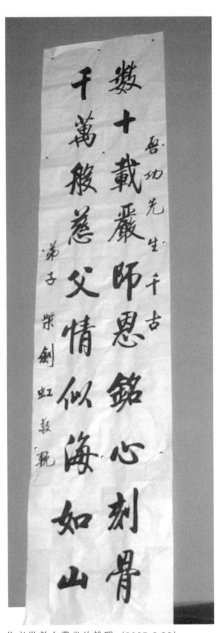

數十載嚴師恩銘心刻骨
千萬般慈父情似海如山

吾功先生千古

弟子榮劍虹敬輓

作者敬獻在靈堂的輓聯（2005-6-30）

啓功畫作一　　　　　　　　　　　　啓功畫作二

162

啓功畫作三

内蒙錦山中學的啓功專欄
(2005-10)

幾家出版社贈內蒙錦山中學啓
功書屋的啓功著作(2005-10)

後　記

　　啓功先生《春歸》詩曰："春歸詎卜寒深淺，臘盡先思漏短長。"我得以集中時間寫這本書的一個多月，正是臘盡春歸時節，乍暖還寒，我坐在電腦前，漏短思長，百感交集，心潮難平。

　　四個月前，我和景懷兄、侯剛老師應邀到內蒙古赤峰錦山中學去的情景還歷歷在目。在啓先生病重的時刻，這樣一所極普通的中學，為了弘揚祖國優秀的傳統文化，為了使廣大師生全面地瞭解和學習啓功先生，特地設立了安置着先生塑像的"啓功書屋"，開闢了專門的宣傳欄，編寫了相關的學習教材。我們那次去，景懷兄向學校贈送了幾件啓先生生前使用過的寶貴用具和一些書畫作品的複製品，侯老師和我則代表北師大出版社、文物出版社、中華書局送去了啓先生的幾十本著作。在全校舉行的贈送儀式與報告會上，氣氛熱烈而感人，讓我們體會到了師生們對啓先生的由衷敬仰和熱愛。

　　回京之後，錦山中學的巴校長還一再打來電話，希望能進一步編寫學習啓功先生的教材。因此，我希望這本書能夠有助於廣大讀者更好地瞭解和學習我的老師，有助於中國優秀傳統文化的繼承與發揚，有助於文明和諧社會的構建。但是在完稿之際，我卻痛恨因自己記憶的缺失與文字的笨拙，實在難以表達老師偉大一生與崇高精神之萬一。

我彷彿聽見了老師在九天之上的呵斥：“汝小子何為？不記得吾早有詩云‘何待汗青求史筆，自家腕底有銘辭’麼？”我只有伏地請罪。

因為已經有《口述歷史》和侯剛先生的《啟功》畫傳出版在先，我有意控制了本書的篇幅，避免贅述，盡量以描寫自己多年來在老師身邊的親身見聞和感受為主，必須引述的歷史材料也力求真實可靠，並配以能夠反映老師精神風貌、切合書中內容的照片。這些照片除先生家屬提供外，大多是我自己及友人所拍。另外，關於啟功先生在學術領域裏的成就，我曾先後寫過若干簡述自己學習心得的文章，雖然淺陋，其中五篇發表時曾經過先生的審讀認可，所以將它們連同新近所寫的一篇附在書後供讀者參考。書中所涉如有不確與欠妥之處，當然應該由我個人負責，並誠摯地歡迎大家批評指正。

本書在寫作過程中，得到了許多親友的鼓勵、支持與無私幫助。特別是啟功先生的內侄章景懷先生一家、母校北京師大的侯剛老師，在資料核實、圖片提供等方面均給我以切實的援助。我還要衷心感謝北京商務印書館的楊德炎總經理、江遠副總經理，感謝香港聯合出版集團的陳萬雄總裁和張倩儀總編輯，還有本書的責任編輯，如果沒有他們的鞭策和支持，這本書也許很難在啟功先生逝世一周年之際順利出版。

柴劍虹

2006 年 2 月 20 日於中華書局

啓功先生的治學精神、
方法及能力

　　啓功先生不僅是聞名遐邇的書畫大師和文物鑒定家，也是學術界公認的文史研究大家。他的治學精神、方法及能力，是其學術思想的重要組成部分；這不僅反映在他的書、畫及詩詞創作、學術論著裏，也表現在他平時的教學工作與談話之中。作為受啓功先生教誨多年的學生，想就此談一點粗淺的學習體會，請啓功先生及識者批評指正。

"積學所致無鬼神"

　　"積學所致無鬼神"是《急就篇》中的句子，啓功先生曾用來寫進自己的詩中，我以為似可用以概括啓功先生的治學精神。作為一位學術功底深厚、知識淵博而又謙虛嚴謹的學者，啓功先生從不墨守成規教條，善於辯證思維；從不迷信古人、權威，敢於革舊創新；從不滿足單科知識，長於廣徵博引；從不放棄大小疑問，樂於尋根究底。

　　中國古代文學史與文學作品的教學、科研，在80年代前已經形成了不少條條框框，許多模式，若干套路。比如思想性與藝術性的分析，時代背景與階級局限的闡述，風格與流派的歸類判斷等，雖然不是全無道理，卻常常犯主觀片面的毛病，形成教條乃至僵化，有的還自相矛盾。例如將中國古代文學分為先秦、漢魏、唐宋、元明清四段；講唐代文學也依舊是初盛中晚。啓功先生很不贊成這種分法，他講：
"似乎文學的發展，常常隨着歷史的標誌為標誌，某朝某代，甚麼初盛中晚、前期後期。其實文學和歷史，並非雙軌同步。文學家們，並非在'開國'時一齊'下凡'，亡國時一道'殉節'。"啓功先生在教學中就敢於打破框框，給研究生講述整個中國古代文學史中的一些重要問題，如六經皆史料的問題、作家流派及評價問題、詩書畫關係問題、詩文聲律問題、八股文問題、子弟書問題等等，啓功先生都有獨到精闢的創見。翻開《啓功叢稿》的"論文卷"，無論是對傳世的《急就篇》、《蘭亭帖》、《自敍帖》等碑帖的考辨，還是對"山水畫南北宗"、"絕妙好辭"的條析，對八股文、子弟書、《紅樓夢》的評價，都不落窠臼而獨闢蹊徑，充滿了創見。不管是古代的文學巨匠，還是當代的史學權威，只要他們的論著有疑可問，啓功先生都敢於"捅馬蜂窩"，提出自己的見解來。

啓功先生的"韻語"創作，更是其人格、性情、學養、智慧的形象體現。現編入《啓功叢稿》"詩詞卷"的600餘首詩歌作品，無論題贈、記事、寫景，還是詠史、憶舊、自嘲，以及論詩、論詞、論人，都奉行"我手寫我口"、我口道我心的宗旨，簡樸明白，生動活潑，幽默而深邃，真摯以感人。在形式上，又無論古體近體、齊言雜言，詩詞贊銘聯，既講究聲韻格律，又不為古人韻書所限，使人耳目一新又回味無窮。試讀他的《自撰墓誌銘》、《鷓鴣天》（乘公共交通車）、《痛心篇》、《古詩二十首》（蓬萊旅舍作）諸作，又有誰能不為之動心動情乃至動容呢？再看他的病中所吟，居然於"地轉天旋，兩眼難睜"之時，甚至要報病危之際，仍不忘調侃病魔，又有誰能不為之感動而擊節叫好呢？啓功先生十年前一場大病初癒時寫的雜言《賭贏歌》，全詩32句，每句最少9字，最多28字，寓深情於數來寶式的敍述之中，琅琅上口，酣暢淋漓，真正稱得上是舊體新詩的傑作！有一位大學中文系的教師説，他讀啓功先生的詩歌，時而忍俊不禁，開懷大笑，時而斂容沉思，浮想聯翩，時而辛酸落淚，感慨萬千，彷彿自己所有的情感都被這些詩句調動了。這正是啓功先生詩歌作品巨大的藝術魅力所致。

"學兼今古能會通"

　　"學兼今古能會通"是啓功先生誇獎友人的詩句，似可用來説明他提倡的治學方法。正因為能會通古今，啓功先生在治學中對以下四對關係的辯證處理尤為引人注目：

1. 材料與觀點的關係——堅持從材料出發得出結論。啓功先生秉守"無徵不信為立言之本"的學術信念，牢記陳垣老校長"要竭澤而漁地搜集材料"的教導，在文史研究中從不發空論，而是依據平時積累的大量材料，經過仔細篩選、認真辨析，加以考證推理，得出令人信服的結論來。如從本世紀二三十年代以來，治中國文學史者多不注意文學作品本身及正史記載以外的相關材料，為此，啓功先生在1961年專門寫了《碑帖中的古代文學資料》一文，主要以唐代作家作品為例列舉了古代碑帖中涉及的三大類資料，指出它們在作品校勘、佚文輯補、史實考證與創作技巧研究上的作用，大大開拓了研究者的視野。

2. 現象與本質的關係——從現象入手去探尋規律。《易·繫辭》云："形而上者謂之道，形而下者謂之器，化而裁之謂之變。"而在學術研究中，這種從器到道、以形求質、化而變之的方法卻往往被顛倒或歪曲。比如在我國近代語言學界，最明顯的就是套用西文"格郎瑪"（語法）來構築框架指導文法研究與規範語言現象，使研究者常常陷於矛盾之中而困惑難解。啓功先生則從大量實際存在又往往為人忽視的書面及口頭語言現象入手，潛心進行比較分析與研究，寫出了一系列足以使語言學界振聾發聵、讓廣大學生耳目一新的論文，結集為《漢語現象論叢》出版，為漢語研究開拓了一條廣闊的新路。

3. 睿思與考據的關係——二者相得益彰。在啓功先生的學術生涯乃至日常生活中，時常迸發充滿智慧的思想火花，表現出他過人的聰明才智；但他又絕不會滿足於此，而是用來啓發自己搜尋材料、周密考證、嚴謹立論的工作。可以說，啓功先生的許多真知灼見，都是二者巧妙結合的成果。鍾敬文教授題贈啓功先生的詩裏有"論文別有靈奇想"一句，就是稱讚睿思在學術研究中的作用。

4. 廣博與精深的關係——這也包括普及與提高的關係，二者相輔相成。啓功先生每每將他講的課戲稱為"豬跑學"，實際上是不限門類、沒有局束、由淺入深地講授廣博的各種知識（包括常識），為學生打好提高的基礎。他多次講到古代的一個笑話：有位將軍打仗時手臂上中了一箭，跑去治傷。一位"外科"醫生只將露在皮肉外的箭竿鋸掉，說："我只管外邊一截，剩下的你去找'內科'大夫罷！"啓功先生從小打下堅實的文史功底，到老仍持之以恆地廣泛涉獵，而又精益求精。他諳熟古代文獻典籍與金石資料，擅長詩、書、畫，又精於文物品鑒，所以才能在治學和創作中游刃有餘、融會貫通。

以上四種關係的正確處理，說明啓功先生在治學中講求證據、注重現象、充滿智慧、提倡知識積累，而且四者並行不悖，互相促進，形成了自己獨特的學術風格。

"文章博綜希中壘"

"文章博綜希中壘"，這是啓功先生因謙虛而將劉九庵先生贈友人對聯的上聯改了二字以見志。其實，啓功先生的博學多聞與瀟灑為文是決不亞於劉向（曾任中壘校尉）的。他在讀書與寫作中，表現出非凡的感知力、想像力和創造力。

首先是感知力——這裏指他對文學作品的感受認知能力。啓功先生對漢語文學語言最具特色的語音（聲律）與字義有極為出色的感受力。啓功先生講授古典文學，特別強調讀、聽、記，而讀（包括看）、聽即是一種視覺、聽覺的感受，是對文學作品進行審美活動最初、最基本的一步。歐洲有的美學家（如13世紀意大利的湯瑪斯・阿奎那）即認為審美乃是一種視聽直覺活動，是為理性思維服務的。讀我國優秀的古典詩文，都能帶來聽覺視覺上的美感。啓功先生給學生上課，常常一遍又一遍地吟誦要講的詩詞，讓學生自己去感受體味，很少作繁碎的詮釋。正如他常講的：一篇作品，如果還沒有很好地感受到它的文字、聲律之美，就急着去分析甚麼思想性、藝術性，實在是得不償失的。我想，恐怕這也是當前中小學語文教學的癥結所在。對組成文學作品的"合成信號"——由共同工具、共同思想、共同表現方法、共同傳統形成的“內核”，啓功先生有着非常敏捷的接受力、捕捉力，因此能迅速地由表及裏地掌握作品的豐富內涵，即由感受到認知。大家都驚歎啓功先生對已讀過的東西有着非凡的記憶力，但這明顯又不靠死記硬背，而是許多“合成信號”的有機合成，是一種可以在頭腦裏快速檢索、調配、分析的信息儲存。啓功先生的思維特別活躍，既能一觸即發，又能觸類旁通。他進行詩詞創作，許許多多的史實、典故及前賢詩句都能信手拈來，靈活化用，和身邊事、眼前景、心中情結合得水乳交融，就是這種能力的明證。

其次是想像力——這是以感知材料為基礎進行聯想、發揮、組合變化而創造新形象的能力。這也是一種以形象思維為主的思維能力。讀啓功先生的詩文，聽他講課、談話，我們隨時可以感到他不同尋常的想像力：豐富而不凌亂，奇特又合邏輯。比如前面提到文學史的分段，啓功先生馬上想到了烹魚，他説：“譬如烹魚，燒頭尾和燒中段，從來也沒法規定以第幾片鱗為界線去切，只是硬切。而教書又畢竟與燒魚不同，燒魚可以裹上麵糊用油一炸，斷處剖面均被掩蓋，更不需血脈相通；教文學則既要在縱的方面講透它的繼承發展關係，又要在橫的方面與兄弟藝術品種相關連，一個作家與作品的上下、前後、左右都不是孤立的，要弄清就需要豐富的知識，深切的探索，精煉的選擇和扼要的表達。”由坐火車的震動節奏想到用截取竹竿來講平仄，由《兩隻老虎》的兒歌想到漢語的特色，由動物尾巴的短長想到語言成分的省略，由“黃金分割律”想到寫字的最佳結構，諸如此類形象生動而恰如其分的聯想，都是啓功先生非凡想像力的例證。

　　第三是創造力——這是一種創造嶄新事物的綜合能力，就學術研究而言，應該落實到創立新的觀點、結論、方法、理論體系上。創造力與想像力有關而不相等，因為它還要大量運用邏輯思維。幾十年來，啓功先生一直從"文學語言"入手去認識與理解中國傳統文化的"內核"，來努力探尋其存在與發展變化的客觀規律，把握其從內容到形式的辯證關係。對詩、書、畫關係的研究，對詩文聲律、八股文、子弟書及書法理論的論說，對《紅樓夢》的注釋，都是這種努力的表現；他重視"現象論"，熱心"豬跑學"，敢捅"馬蜂窩"，乃至根據"黃金分割律"創制"井"字習字格，提出文物鑒定上的"模糊論"，也都是這種創造力的體現。

　　我認為，比起治學精神的學習、治學方法的借鑒來，上述能力的培養恐怕要困難、複雜得多，因為這既非一朝一夕之功，又涉及包含天分在內的諸多因素。啓功先生在評價倪瓚和八大山人時指出："他們的畫或詩以及詩畫合成的一幅幅作品，都是自標新義、自鑄偉辭，絕不同於欺世盜名、無理取鬧。所以説它們是瑰寶，是傑作，並不因為作者名高，而是因為這些詩人、畫家所畫的畫，所寫的字，所題的詩，其中都具有作者的靈魂、人格、學養。"我們借用這段話來評價啓功先生的學術成就，應該也是很合適的。啓功先生崇高的道德風範和人格魅力，體現在為人處世的謙遜和藹、澹泊名利、樂觀豁達、幽默風趣等方面，也體現在教書治學的善於學習、長於思考、敢於創新、樂於獎掖後進等方面，這都是我們學之不盡、用之不竭的寶貴的精神財富。

(1999.10.20-28)

從客觀實際出發研討古代字體

　　啓功先生的《古代字體論稿》（以下簡稱《論稿》），自其初稿《關於古代字體的一些問題》發表至今，已經快四十年了。在此之前，我國學術界對漢字的古代字體雖討論不少、爭議甚多，卻鮮有完整、系統的具有說服力的論述。《論稿》出版之後，不少書法愛好者自覺地奉為教材，而文字學界的反應卻相對遲鈍，我以為問題的關鍵，恐怕就在於脫離實際的"理論先行"還阻礙着人們的認識，影響着研究工作的深入進行。

　　我是啓功先生的一個不合格學生，對古代字體的知識所知甚少。根據我近來再次閱讀《論稿》及其他相關論文的粗淺體會，我覺得啓功先生研討古代字體的最大特點，就是從古文字的客觀實際出發，這和他數十年來從漢語現象入手來研究語言規律是一脈相承的。這裏所講的"客觀實際"，首先指"寫"古文字的主體與客體，其次是字體發展變化的實際。

　　先看主體與客體。

　　所謂"客體"，也就是"寫"字的載體和工具。同一字體，刻畫於骨陶、玉石，範鑄於青銅，書寫於竹帛、紙張，自然會有差異；同刻於石，石頭的質地不同，效果大不一樣；同寫於紙，即便同用某毫之筆，也會因筆鋒長短、硬度不一而有所變化。載體的形狀也要影響字形，例如秦隸、漢隸寫在竹簡上，因受到狹長的竹簡形狀的局束，必須寫得扁一點，才能寫下必要的內容（竹簡寬窄不一，字體又有變化）；石鼓文的筆劃作勻圓線條，似乎也是因為要與石鼓本身的形狀相協調，才符合人的審美習慣；在陶瓶瓦罐上寫字，那筆劃走勢肯定要受到器皿形狀的影響（西安出土漢桓帝永壽二年三月甕上的“年”字是最典型的例證）。對客體的影響，啟功先生在許多論碑刻、字帖、拓本的論文中均有中肯而精闢的分析。如他在《唐摹萬歲通天帖》的考證文章中就說過：“今天拿火前初刻的拓本和唐摹原卷細校，仍不免有一些失真之處，這是筆和刀、蠟紙和木版（火前本是木版，火後本是石版）、勾描和捶拓各方面條件不同所致，並不足怪。”啟功先生經常提醒我們，應十分注意墨蹟和刻痕的不同，尤其是一些碑刻的拓本，實際上是“軟”的書寫先轉為“硬”的刻鑿，再拓在軟硬不一的紙上，這中間的變異實在是不容忽視的。如果我們死板地認定某帖某本為某字體之真跡範本，弄不好是要上當的。古代傳下來的一些名家墨蹟，往往會是一些高手的臨摹或翻刻；今人用毛筆在紙上寫甲骨文、金文，也只能是對刻鑄於甲骨、青銅器的那些古文字的摹寫或再創造，是今人仿寫的古字，已經不是原來意義上的“原汁原味”的古文字了。正因為此，啟功先生對於敦煌寫卷和出土簡牘在研究古代字體與書法源流上的價值是特別重視的。因為它們作為千年文物遺存，為我們研究古代字體提供了最可靠的實物客體。比如我們今天要看到鍾繇的真跡是太稀罕了，而新疆樓蘭地區出土的一些墨蹟卻與之十分接近，這就大大豐富了我們的感性認識。《論稿》在去年重印時，啟功先生最關注的就是要附上新出土的戰國中山刻石和雲夢睡虎地秦律簡圖片，尤其是因為"秦簡的字跡在漢字字體的發展歷史中，佔有極重要的地位"，而秦律簡中的字跡正是最標準的秦隸字體；他最高興的就是書的開本大了，因為圖版放大，字跡筆道可以看得更清晰了。記得若干年前，啟功先生從日本的書肆中訪得中村不折氏於1926年出版發行的《禹域出土墨寶書法源流考》，即欣然花高價購下。因為此書編入了許多西域所出的古寫本，幾乎均有年代可考，所以極具研究價值。可惜因當時印刷條件所限，所附圖版質量較差，對那些墨寶的筆跡不能看得十分清晰。

所謂"主體"，即是寫、刻者的修養、功力、愛好及與之密切相關的書寫風格。同是屬於"篆"、"隸"、"草"、"真"、"行"，不同人來寫，形體筆勢會很不一樣。即便是同一個人，不同時間、不同身體狀況（尤其心情）下所寫，也一定有差異。因此，所謂"某體"，只是大體、總體，應包含許許多多的小體、分體。啟功先生的法書為大家所喜愛，稱譽為"啟體"，仿效者不少，其中不乏形似者，但即便再像，也只是"仿啟體"（何況主要是仿啟先生的行書，極少有能仿其草書者），而且仿體之間也有若干差別，倘無差別，此人的個性也就消失了，這就是啟先生常戲言"似我者死"的悲劇，大概誰也不情願做哪一位書法家的"克隆人"。（如某位曾以仿郭沫若體著名的書法家，後來也自然地向發展自己的個性風格而努力了。）此外，啟功先生還特別提到用途不同與字體的關係（如鼎彝、碑版、書冊、信箋等），如"漢代的簡牘中，鄭重的問候名刺與火急的軍書不一樣"，即便是通常的書信，寫給長輩與寫給下輩或一般友人的在字跡上往往也會有些區分的；又如隋唐以來的正規的墓誌蓋與誌文、碑額與碑文大多用不同的字體，碑額和誌蓋常用古體，碑文和誌文則用當代通行的正體，因為寫者以古體為鄭重。這些也都是書者主觀意圖起影響作用的問題。敦煌莫高窟藏經洞所出唐朝的佛經寫本，同一時期、同一種經，長安皇家正式頒發的標準寫本，與敦煌當地普通寫經生所抄，自然差異很大；而藏經洞所出道教典籍寫本，幾乎無一不抄寫精良，這恐怕也與敦煌佛教寺院為何要收藏道經的目的有關。至於前代的某些俗體，到了後代往往成為雅體、正體（如簡化字、異體字變為規範字），主要也是人的因素在起作用。

　　字體的變化，正是上述主、客體相互作用的結果，所以相當複雜；如果我們簡單地固定地用某一種標準、方法或理論去判別，就不免要出差錯。這裏舉一個例子：某國一位以研究敦煌寫卷真偽而聞名於世的專家，根據他所潛心研究分析的若干寫卷的紙張、筆法、字形，來推而廣之地鑒定其他卷子，結果得出我國及英、法、俄等國所藏的許多寫本都是偽卷的結論。而事實上，他的這種單一、死板的鑒定是很不可靠的，因此遭到了學界強烈的質疑。問題的癥結就在於他忽略了影響敦煌寫卷字體的諸多主客觀因素。啓功先生曾在英國圖書館閱覽了經那位專家鑒定為假的一些敦煌寫卷，判明全係唐五代普通寫經生所抄的真品。2000 年 6 月在一次國際敦煌學的學術研討會上，某國一位學者僅根據幾個敦煌寫卷的筆跡，就要判定某卷用狼毫寫成，某卷係兔毫所寫，某卷為羊毫書就，全然不顧狼毫或兔毫、羊毫、鼠毫本身，不僅會因原料和製作工藝的區別而有差異，也會因使用者的筆力、運筆方法與習慣的不同而有區別。所以當我在會上將這個問題提出來時，得到了許多與會代表的贊同。又比如拓本的問題，拓者的功夫、氣力、方法，所拓碑版器皿的形狀及完好程度，用墨的濃淡及均勻與否，均有很大關係。著名金石學家陳邦懷曾這樣評價大拓家周希丁先生（1891－1961）的"立體拓"："審其向背，辨其陰陽，以定其墨氣之淺深；觀其遠近，準其尺度，以符算理之吻合。君所拓者，器之立體也，非平面也，此前所未有者。"這段話也說明了影響拓本的諸多主客觀因素。這裏附帶想到目前一些文物圖錄與書法、碑帖印本的印刷質量問題，如果我們依照一些質量低劣的圖片去研究古代字體，恐怕也是會上當的。

關於字體的發展變化，主要體現在組織構造的變化和書寫風格的變化，過去文字學者談得較多的是前者，而較難把握的卻是後者。啟功先生在論著中也從主、客體綜合影響的實際出發，從多樣性的現象出發，對風格變化中最難分析的漸變與微變作了具有很強說服力的論述。這一點，王寧教授在《漢字字體研究的新突破》一文中已有很好的闡發（見《啟功學術思想研討集》，中華書局、北京師大出版社，2000年7月版第93－101頁），此不贅述。我初步體會到，每一種字體的產生和發展，都是以"變"為動力的，但它要在全社會得到普遍承認與應用，又必須具有相對的穩定性，因此漸變與微變就成為"變"的"主旋律"（試想如果突變常行，人們將難以適應，社會無法穩定）；某一類書寫風格的形成和鞏固，本來是以"定"為基礎的，但它要為更多的人學習與欣賞，又必須保持其相對的自由度（如果僵化限死，空氣將凝固窒息，文化不能繁榮），因此漸變與微變才能在

"變"與"不變"的"紅綠燈"交替下暢行無阻。此外,在
總體風格與個體(人)風格的關係上,雅與俗,精與粗,官
方與民間,沿襲與革新,時尚與懷舊,前朝與後代,這人與
那人,此地與彼域,等等等等,幾乎都是一對對難捨難分的
孿生"姐妹兄弟",無論拋開哪一個,都無法識其"父母"
的真面目。我常想:當某一種字體,某一類風格,"已成為
滿城爭唱的時調"(見《論稿》第十節)之際,要善於辨聽
其中各類高低輕濁的聲調音符,並巧妙調度使之更和諧美
妙,才能成為熟練地駕馭這種時調的指揮家。啓功先生正是
這樣一位能駕馭各種古代字體時調的高明的指揮家。

(2000 年 11 月 8 日初稿,2002 年 1 月 6 日改定)

讀啓功先生《論書劄記》

作為啓功先生的一名很不合格的學生，二十多年來，雖蒙嚴師不棄，得以常在先生身邊聆聽教誨，觀賞先生潑墨揮毫，又蒙先生多次親賜論書著作，但自感仍沒有資格來撰寫關於先生書法藝術的論文，因此只能就先生的《論書劄記》，談一點初學者的膚淺的感想。

《論書劄記》係啓功先生1986年夏天在師大小紅樓寓所閉戶養病時所寫，共21則（包括為友人題寫的"筆箋"一首、"硯銘"二首），每則少者僅二三十字、多者亦不足百字，總計約1400多字，卻涉及結字、運筆、臨帖、書體風格等關鍵論題，真正堪稱是言簡意賅、精闢精彩的真知灼見，是與先生《論書絕句》同樣重要的書論經典。下面按先生所論各則次序及中心內容，選擇數則，先照錄原文，後淺述心得。

（一）啓先生云：

或問學書宜學何體，對以有法而無體。所謂無體，非謂不存在某家風格，乃謂無某體之嚴格界限也。以顏書論，多寶不同麻姑，顏廟不同郭廟。至於爭坐、祭侄，行書草稿，又與碑版有別。然則顏體竟何在乎，欲宗顏體，又以何為準乎。顏體如斯，他家同例也。

在這裏，先生以"顏體"的幾個代表作品為例，一針見血地指出了書體與風格統一於"法"的辯證關係。所謂"無體"，是説沒有嚴格、僵死的某體；所謂"有法"，是指統率各體的書寫規則與規律。書史上自成風格的名家大師體，也是在吸取多家之長的基礎上，在不斷變化的過程中形成與發展的。前人論及顏體特徵，有的説"奇偉秀拔，奄有魏晉隋唐以來風流氣骨，回視歐虞褚薛輩，皆為法度所窘，豈如魯公蕭然出於繩墨之外"（宋·黃庭堅《山谷題跋》）；有的則説"魯公於書，其過人處，正在法度備存，而端勁莊持"（宋·董逌《廣川書跋》）。對顏真卿的幾個名帖，宋人朱長文在《墨池篇》裏就指出了它們有各自的特色："觀中興頌，則閎偉發揚，狀其功德之盛；觀家廟碑，則莊重篤實，見其承家之謹；觀仙壇記，則秀穎超舉，象其志氣之妙；觀元次山銘，則渟涵深厚，見其業履之純。"論者每評述顏體"行筆沉着有力，筆斷而意連"，其"筆斷"印象恐怕與碑刻的刀工有關。去年冬天我在上海博物館舉辦的"晉唐宋元書畫國寶展"上見到顏氏的行書《湖州帖卷》，其行筆之流暢即非魯公其他碑帖可比。可見同為顏氏代表作，書寫內容及心態不同，亦呈現千變萬化。

我親見有不少人問過先生"宜學何體"的問題，先生幾乎都回答"無定論"，但都強調"起碼應從楷書練起"。我還保存着先生早年用毛筆書寫的幾篇學術隨筆的複印件，都是十分規範的楷書，而且透出顏體的風格。我知道，啓先生從年輕時起，就不拘一格臨習各家各體，數十年如一日，直至他90高齡的2002年，我還在他戲稱"第二窟"的民旺樓寓所見到厚厚一摞習字紙，都是先生平時主要習楷書用的。

記得有一次一位外地的年輕書法家拿了一大摞他的"草書"作品來請先生過眼，說自己已有"突破"。先生認真地看了幾張，然後指着其中的幾個字說不認得是甚麼字，問他為甚麼要這麼寫，那位年輕人自己也說不清楚。先生很嚴肅地說："草書並非隨意地飛龍走蛇，隸書、楷書有規，行書、草書亦有矩，不管是甚麼'草'，也都受規範約束，有規律可尋，要避免寫錯別字，更不能生造一些別人都看不明白的字。"先生建議那位年輕人還要先練習寫楷書。

遵守約定俗成的章法，並非反對創造，恰恰相反，"守法"是創新的基礎。先生很不贊成用"畫符"來代替寫字，對某些自稱"現代派"的作品評價甚低。他常說："那種作品如果掛在牆上，你老要費眼睛、費腦子去猜他寫的究竟是甚麼字，那實在太痛苦了！"至於由某時代、某體形成的風格，先生則認為既有普遍認同的共性，也不能忽視因人而異的個性。正如先生在另一則箚記中說的："風氣囿人，不易轉也。一鄉一地一時一代，其書格必有其同處。"但一時一地的風氣再盛，也決沒有嚴格的絕對的界限，因為形成"個性"的因素眾多，且千變萬化，"個性"的力量是不可抗拒的。同派不同人是如此，即便是同一人的不同時間、不同心境、不同內容、不同形式、不同用場的作品亦是如此，鮮有例外。先生用曹丕《典論‧論文》中"雖在父兄，不能以移子弟"的話來說明王獻之不同於王羲之、蘇轍不同於蘇軾的道理。其實，"今我"又何嘗雷同於"昨我"。人們常說"風格如人"，人是生動活潑的，風格也不會僵滯凝固，也應呈現出豐富、鮮活的面貌，才有生命力。

（二）啓先生云：

> 作書勿學時人，尤勿看所學之人執筆揮
> 灑。蓋心既好之，眼復觀之，於是自己一生，
> 只能作此一名家之拾遺者。何謂拾遺，以己之
> 所得，往往是彼所不滿而欲棄之者也。或問時
> 人之時，以何為斷。答曰：生存人耳。其人既
> 存，乃易見其書寫也。

先生多次對我説過，摹仿是學習的必要步驟；但摹仿須
得法，"邯鄲學步"、"東施效顰"式的摹仿就只會丟失自
我，貽笑大方。我理解，首先是應該選準仿效的對象，該學
甚麼，不該學甚麼。先生之所以提醒初學書者"勿學時人，
尤勿看所學之人執筆揮灑"，是因為即便是名書家，平時揮
毫也常有不盡如人意的拙筆敗舉，而初學者往往因傾心崇拜
而"走眼"，難辨優劣而拾人涕唾，就易盲從上當。正如先
生在另一則簡記中所講：書家平時創作，"所書既畢，自觀
每恨不足。即偶有愜意處，亦僅是在數幅之間，或一幅之
內，略成體段者耳。距其初衷，固不能達三四焉。他人學
之，即使是愜心處，亦每是其三四之三四，況誤得其七六處
耶。"先生解釋道：宋代大書家米芾自書百餘字，自己不滿
意的超過百分之九十，可見絕大多數是不宜學的。如果書家
是在眾目睽睽下寫字，雖不排除有臨場發揮極佳者，但一般
情況下，因有外界因素的干擾，較難揮灑自如，其不宜學的
成分當更多些。拿先生自己的話説："人以佳紙囑余書，無
一愜意者。有所珍惜，且有心求好耳。"有一次，我父親的
一位老朋友，給我兩張現在已很少見的繭紙，我拿給先生去

寫，最終也未見到先生在此紙上的作品，大概就是這個原因。經過書家自己、旁人、時間的汰選，等到"斯人已逝"，流傳下來的作品中精品佳作的比例自然大得多，可效法的東西也就多了。我理解啓先生講的就是這個道理。因此，先生說："學書所以宜臨古碑帖，而不宜但學時人者，以碑帖距我遠。"常看先生寫字的人都知道，先生寫字，常常因個把字不滿意就將整幅字揉掉丟棄，侍立在側者感覺可惜，每每想"搶救"而極少成功，因為先生堅決不同意將他認為寫得不好的作品流傳出去。

先生書法自成一體，自80年代初起，欣賞、喜歡"啓體"的人越來越多，摹仿者益眾，能做到形似的也有不少，甚至有不少出現在書畫市場"公開售假"。對此，先生一方面自謙地戲稱"寫得比我好"；另一方面也常說"似我者死"。說明亦步亦趨是沒有生命力的。有一次，一位以仿某當代名人書體而出名的書法家來看啓先生，說他模仿了多少年，現在已經悟出了道理：就是學得再像，最多也是"仿某體"，若不能別開生面自成一格，恐無大出息。先生對他的領悟很讚賞，認為他可以"從此不做拾遺官了"。後來我再看這位書家的作品，確實已經逐漸跳出某體的窠臼了，覺得比原來寫得"活泛"多了。許多人問過啓先生"習何體臨何帖"的問題，因先生在"文革"中曾被紅衛兵命令抄寫大字報，故每每戲答："大字報體。"其實，據我所知，古代各名家碑帖，先生幾乎都用心臨過；當然，最重視、最下功夫學的是以"唐人寫經"為代表的真正古人的墨蹟（這個問題，下面還要講到）。但是，先生臨帖，追求的是神似。先生箚記有云："或問臨帖苦不似奈何？告之曰：永不能似，且無人能似也。即有似處，亦只為略似、貌似、局部似，而非真似。苟臨之即得真似，則法律必不以簽押為依據矣。"我們只要細看先生臨的王羲之、智永、懷素等大家的法帖，就會理解先生追求神似的道理。有人指先生所書為"館閣體"，説明他們既看得少，又看不懂先生的字，也並不真的明白何謂"館閣體"，它為甚麼缺乏生命力，它是否也有長處。

(三) 啟先生云：

> 趙松雪云，"書法以用筆為上，而結字亦須用工"，竊謂其不然。試從法帖中剪某字，如八字、人字、二字、三字等，復分剪其點畫。信手擲於案上，觀之寧復成字。又取薄紙覆於帖上，以鉛筆劃出某字每筆中心一線，仍能不失字勢，其理詎不昭昭然哉。

　　先生不同意趙孟頫在《蘭亭十三跋》中"書法以用筆為上"的主張，強調"結字"的核心作用，這在書法理論上具有重要意義。我的理解，任何筆劃都只是構成字的零件，一般單獨不能成字（單筆字除外）；只有按某些走勢結構組合起來，形成一定的間架，才有字的體態，就像人一樣，或臃腫，或娟秀，或勻稱，或端莊，或歪斜。因此，趙孟頫講"用筆為上"，便有點本末倒置了。我不會練字，有一次在家休息，突發"雅興"，在牆上摹寫了啟先生書寫的北朝民歌《敕勒川》，因為只求一筆筆的依樣畫葫蘆，疏忽了結構體勢，結果只是表面猛地一看有點像，實際原書的神氣全無。後來，先生告訴我可先用鉛筆按字的中心線勾勒體勢，再用不同姿態的點劃在骨架上加"肉"。我用這個辦法摹寫了先生送我的一幅論詞絕句，果真看着就舒服多了。可見，"用筆"與"結字"，以寫字的次序看，自然是筆劃在先，而從學習書法深淺的關鍵論，當然是結構更重要。而用筆與結字的巧妙運用、辯證組合，才能形成公認的、耐看的名家書體，才有書法藝術的美學價值。

我認為，在書法理論上，啓功先生最傑出的貢獻之一是發現與總結了符合"黃金分割率"的最佳結字組合。對此，先生《論書絕句》之九十九云："用筆何如結字難，縱橫聚散最相關。一從證得黃金律，頓覺全牛骨隙寬。"並在自注中作了簡要説明；先生另在《論書隨筆》裏也有詳述，此不贅。我認為這裏主要牽涉漢字的基本特點與人的視覺美感問題。傳統世俗習字流行用米字格與九宮格。前者將視覺集中在四條直線交匯之中心點上，是一個幾何圓點，起不到組織變化多樣的漢字點、劃的作用，用它練字缺乏穩定性，也不符合一般人雙目視物的習慣；後者組成"井"字的中心部分在視覺上是四線相交形成的面，四個交叉點起到了穩定作用，但由於是平均的三等分，也並不符合大多數漢字筆劃相聚"內緊外鬆"的結構特點，如按此三三等分的九格來佈置筆劃，寫出的字就像將人的五官平均分佈在一張方臉上，看了只覺彆扭，並無美感可言。故而先生説："結字不嚴之運筆，則見筆而不見字。無恰當位置之筆，自覺其龍飛鳳舞，人見其雜亂無章。"

先生試將字框先按十三格均分，然後左右上下都按5、3、5的比例劃線，仍成九格，使四線相交的四點與邊框均形成 5 比 8 的黃金分割。這樣，讓要寫的字的筆劃聚散處與此四點庶幾相重或相近，才能做到"於停勻中有鬆緊，平正中有敧斜"，看了就比較舒服。我體會，先生所講的這個書法結字的普遍規律，也就是既符合漢字特點又滿足審美習慣的"法度"；寫出的字合度，就端莊秀美。先生在自己大量的書法創作與鑒賞實踐中找到了這個"度"，所以他的"啓體"才能為大眾接受與喜愛。我以為，啓體的重要特點之一，便是結字的合度端莊，行書亦當楷書寫，位置聚散近於黃金律，因此越看越耐看。

(四) 啓先生云：

> 每筆起止，軌道準確，如走熟路。雖舉步如飛，不憂蹉跌。路不熟而急奔，能免磕撞者幸矣。此藝可通書法。
>
> 軌道準確，行筆時理直氣壯。觀者常覺其有力，此非真用膂力也。執筆運筆，全部過程中，有一着意用力處，即有一僵死處。此僕自家之體驗也。

先生在這兩則箚記裏都強調指出運筆的關鍵是"軌道準確"——路熟則車輕，理直則氣壯。我想，用筆要做到"軌道準確"，一是眼熟，二是手熟。前者靠看、靠想，觀摩各家各體最精彩的法書，從行筆順序起止到方向、轉折、斷續，找到最佳軌跡，看在眼裏，記在心上，爛熟於心。後者靠練，光心中有路還不行，要用心指揮眼，用眼指揮手，用手帶動筆，經過反復、準確的練習，習慣成自然，才能做到雖運筆似飛，亦能一路通暢，沒有磕絆。先生特別強調練習的準確性，也就是有效性，而不贊成用練習的時間久、數量多來作"下功夫"的標誌。如果軌道有誤，運筆不暢，"任筆為字，無理無趣，愈多愈久，謬習成癮"，反而很難長進了。他常說："'功夫'是'準確的積累'。不要盲目地耗時間加數量，而是準確的重複以達到熟練。"（參見啓功《論書隨筆》）當然，對於初學者來說，"準確性"一靠勤（懶了還是要不得），二靠記（忘性大不行），三靠悟（呆笨便不靈）。另外，"最佳軌道"和"最佳結字"相關，各個不同的字，各字不同的體，各體上下各字不同的連接環境，都有不同的走筆軌道，不能強求一律。有時，啓功先生給人題書籤是最麻煩費力的事，因為求者往往要求"橫、豎各一"或"繁、簡都要"，於是一樣內容的字，由於軌道、結字臨時的變化，就會讓先生寫得很費勁，有時一個書籤，先生要寫四五遍甚至十幾條之多，還往往不甚滿意。

講到寫字"用力"的問題，許多人都有誤會，以為要寫出"雄偉"、"蒼勁"、"挺拔"的字來，就必須運足膂力，以求"力透紙背"。我有一位中學時代的同學，從小喜歡書畫篆刻，現在在家鄉的書畫界已頗有名氣。記得在80年代中，他讓我拿幾幅作品給啓先生過目。先生看了作品後說："請你告訴他，最好寫字時不要咬牙。"當時我聽了大惑不解：先生又未親見其揮筆，怎麼知道他寫字時咬牙呢？第二年我回家鄉去，一次正巧碰上這位同學在某會場潑墨，我注意到他確實是咬緊牙關在揮毫刷字！同學對我說，他這是從小練習篆刻形成的習慣，已經改不掉了。先生常開玩笑講：有的人用大拖把在操場上刷創吉尼斯紀錄的大字，當然必須有過人的大氣力。只是在一般紙上寫字，就不必這麼費勁了。我體會，若書者着意用力，運筆就難以順暢，每每造成滯礙僵死之處。至於碑帖，因為已經經過刻工的刀鑿改造，呈現的是另一種軌跡，所謂"不見運筆之結字，無從知其來去呼應之致"，往往與原墨蹟已大有差別了。先生揮毫，因成竹在胸，故輕鬆自如，即便是楷書亦當行書來寫，點劃顧盼毫無呆板，與"館閣體"是迥然有別的。通達流暢，這也是啓體的一大特色。

（五）啓先生云：

> 　碑版法帖，俱出刊刻。即使絕精之刻技，
> 碑如温泉銘，帖如大觀帖，幾如白紙寫黑字，
> 殆無餘憾矣。而筆之乾濕濃淡，仍不可見。學
> 書如不知刀毫之別，夜半深池，其途可念也。

> 　僕於法書，臨習賞玩，尤好墨蹟。或問其
> 故，應之曰：君不見青蛙乎。人捉蚊蚣置其
> 前，不顧也。飛者掠過，一吸而入口。此無
> 他，以其活耳。

習字離不開碑帖，但一定要明白碑刻拓本、印本與寫在竹木紙絹上的墨蹟是大有區別的。先生《論書絕句》之九七曰："少談漢魏怕徒勞，簡牘摩挲未幾遭。豈獨甘卑愛唐宋，半生師筆不師刀。"先生雖臨摹過大量名家碑帖，但獨鍾情於簡牘墨痕與唐人寫經，體現了他的超見卓識。字體筆跡因書寫（或鐫刻、模鑄）工具、材質的不同而呈異的道理，先生在他的《古代字體論稿》中有精闢的論述，我也曾就此在一篇論文中發表過淺見，此不贅述。

先生多次讓我看他所收藏的若干個敦煌寫本，這是他最

珍愛的藏品了，因為這才是鮮活的晉、唐人的墨蹟，可以細細觀摩。為此，他在三首《唐人寫經殘卷贊》中這樣表達自己觀摩、臨寫時的心境："晴窗之下，日臨一本，可蟬蛻而登仙。""日百回看益神智""墨瀋欲流，紙光可照。唐人見我，相視而笑。"（見《啓功叢稿•詩詞卷•啓功贅語》）

先生當然不反對臨寫出於刊刻的碑帖，尤其是重視名家碑帖可見結字之功，哪怕是"點畫剝蝕，苟能間架尚存，亦如千金駿骨，並無忝於高臺之築。"（參見《論書絕句》之七九自注）但如果迷信碑帖而不瞭解它們的致命弱點，那就如"盲人騎瞎馬，夜半臨深池"般危險了。即便是法帖墨蹟，由於年代久遠造成的各種情況（如自然脫落、人為剪裁等），也會形成筆痕上的差異。我們看先生1989年所臨顏魯公的卷軸本《竹山連句》，除了間架結構的神似外，最突出的感覺是遠較原帖筆法流暢、氣韻生動，先生説明"其中殘筆以意補足之"，原來先生已用"補"的辦法，彌補了不足，讓"死"的東西活起來，添注了生命力。先生用青蛙愛捕飛蚊來比喻應好墨蹟的道理，極有説服力。

90年代中我曾與《文史知識》雜誌編輯部的幾位同事到潮州出差，順便參觀了韓愈祠，見到啓功先生《謁韓文公祠感題》的詩碑，雖然刻得還不壞，但總還覺得有"失真"的地方，後來對照原件墨蹟，才發現問題就出在"刀法"上——紙上行筆可以做到如"亂水通人過"，而在石材上行刀，除高手的細痕線刻與走筆可庶幾近之外，一般的字跡筆劃是絕無一刀而成的可能的（石材質地不同的影響也很大）。現在收在《啓功三帖集》裏的謁韓祠詩，是後來新寫重刻的碑拓，因為刻技的改進，離墨蹟又近了一步。對存世的古代精美法帖，先生在讚譽的同時，也仍然以不見其"筆之乾濕濃淡"與"無從尋其起落使轉之法"為憾。先生在《啓功三帖集·前言》中說："古代刻字，一種是寫者把字直接寫在石面上，刻工即在寫的字跡上用刀刊刻，宋元以來書家把碑文寫在紙上，刻者用薄紙從正面按筆劃周圍勾出，再用白粉勾那薄紙的背面，再把白粉筆劃軋在石面上加以刊刻。這類刻法都容易卻走墨蹟的原形。現在刻工用電力通到刻刀上，不用鐵錘捶那刀柄，省力與準確兩全其美，但筆劃中的乾濕濃淡仍不能傳出。"由此可見，經歷代"千翻百刻"又反復印製的東西，如認同為"真跡"，那是最害人的。

本文寫到最後，又想到了有人以"館閣體"貶"啓體"的淺薄認識。先生曾說："有清中葉，書人厭薄館閣流派，因以遷怒於二王歐虞趙董之體。兼之出土碑誌日多，遂有尊碑卑帖之說及南北優劣之辨。"（參見《論書絕句》九四之自注）究其主、客觀原因，一是"世人好辨，強人從我"，以個人好惡論列書體；二是罕見晉唐真跡，"見橐駝謂馬腫背"，少見多怪。啓功先生提倡法度規範前提下的風格多樣，明確反對一味風從某體，尤其不贊成"一窩蜂"仿學"啓體"；同時，先生又一貫強調要區分刀、毫之別，走出拘泥碑帖的誤區。聯想到近些年來各地熱衷於建立新碑林，許多書家刻匠紛紛聯手其中，有些領導亦推波助瀾，未知於中國書法之進步，幸抑不幸歟？

（2003 年 6 月 8 日於北京中華書局）

啓功先生對敦煌寫本的鑒賞與研究

敦煌學界最早知道啓功先生對敦煌寫本的研究，大概是在1957年8月《敦煌變文集》出版之後。《敦煌變文集》由王重民、王慶菽、向達、周一良、啓功、曾毅公六位先生錄校而成，在相當長的一段時間內被國內外學術界公認為收錄最為完備的敦煌變文總集。啓功先生不但負責迻錄並主校了其中的《李陵變文》、《王昭君變文》、《歡喜國王緣》、《秋吟一本》和《蘇武李陵執別詞》五種寫本，而且以其深厚的文獻學修養與扎實的語言文字功底，為全書的校勘作出了寶貴的貢獻。遺憾的是，該書出版不久，啓功先生便被"派入右"而受到不公正的待遇，幾乎被剝奪了教學與科研的資格，當然也不可能接着發表相關的論著了。

其實，啓功先生對敦煌寫本的研究，並不始於也不局限於對變文的整理。早在啓功先生的青年時期，他在名家指點下鑒賞古代書畫作品的同時，就已經有機會看到大量的敦煌寫卷，並以其特殊的鑒賞眼光，認識到敦煌寫本在研究中國字體演變史和書法史上的重要價值。對於他個人經眼或購藏的敦煌寫本，啓功先生主要以題跋的形式，表述了自己在這方面的精審而獨到的見解。本文即以啓先生的幾個題跋為主要依據，結合他的《論書絕句》、《古代字體論稿》等著述所體現的學術思想，來談談自己膚淺的學習體會。

（一）

目前我們見到的啓功先生關於敦煌寫卷的題跋，有《唐人寫經殘本四種合裝卷跋》、《唐人寫〈金剛般若波羅蜜經〉殘卷跋》、《唐人寫經殘卷跋》三則及《武則天所造經》、《米元章書〈智慧清淨經〉》中相關部分，均已收入《啓功叢稿·題跋卷》。前三則原文不長，為便於敘述，不妨先將它們全文錄引並略加說明如下：

唐人寫經殘本四種合裝卷跋

右唐人寫經四段，都百九十六行。己卯春日，偶過廠肆，見裝潢匠人，裁割斷缺，將以背紙作畫卷引首，諧價得之，合裝一卷。其一使轉雋利，體勢肥闊，疑出開元、天寶以後。其二字畫古勁，猶存六朝遺意，"世"字"愍"字皆不缺筆。避諱缺其點畫，始自高宗之世。此段縱非隋寫，亦在顯慶以前。其三格兼虞、褚，與昔見永徽年款者相似，惟圓潤之中，骨力稍薄。其四結體生疏，非出能手，當是衲子之跡。而亂頭粗服中，妙有顏平原法，不經意處，彌見天真。余結習難忘，酷耽書翰，凡石渠舊藏，私家秘笈，因緣所會，寓目已多。晉唐法帖，轉折失於勾摹；南北名碑，面目成於斧鑿。臨池之士，苟不甘為棗石氈蠟所愚，則捨古人墨蹟，無從參究筆訣。其確出唐人之手，好事家不視為難得之貨者，惟寫經殘字耳。此卷飾背既成，出入懷袖，客座倦談，講

肆暇晷，寂寥展對，神契千載之上，人笑其
癡，我以為樂也。昔董思翁以唐寫《靈飛經》
質於陳增城，陳氏私割四十三行以為至寶。余
今所得，四倍增城，而筆法之妙，不減《靈
飛》，古緣清福，不已厚乎？贊曰：羲文頡
畫，代有革遷。真書體勢，定於唐賢。敦煌石
室，丸泥剖矣。吉光片羽，遂散落乎大千。晴
窗之下，日臨一本，可蟬蛻而登仙。人棄我
取，尤勝據舷。信千秋之真賞，不在金題玉
躞；濡毫跋尾，殆自忘其媸妍也。

跋中所述"己卯春日"為公元1939年春，是時啓功先
生還不滿27周歲。"廠肆"指北京琉璃廠書肆。啓先生尚
記得此敦煌石室所出唐寫本合裝卷中有一段為《金剛經》殘
卷卷頭，有一段為唐經生摹寫顏體字的寫經。該合裝卷啓先
生珍藏了若干年，1949年前經由東北書店陸君之手賣出，
今不知流入何處。

唐人寫《金剛般若波羅蜜經》殘卷跋

右唐人寫《金剛般若波羅蜜經》一卷。首
有斷闕，尾損十五字，書體精妙，與世行影印
邵楊李氏寶墨軒本相似，而筆勢瘦健，殆尤過
之。行間有朱筆句讀，是曾經持誦者。己卯秋
日，得之燕市海王村畔。用寶晉題子敬帖韻為
贊。贊曰：虹光字字騰麻紙，六甲西昇誰擅
美。李家殘本此最似，佛力所被離水火。緩步

層臺見舉趾，日百回看益神智。加持手澤不須
洗，墨緣欲傲襄陽米。

此卷啓功先生亦於1939年得諸北京琉璃廠，後以之與
同好交換藏品，今歸北京大學圖書館所藏，編為"北大
D014號"。用原件跋語對照，"邵楊"當為"邵陽"；"行
間"二句，原為"行間句讀，朱墨燦然，是曾經持誦者"；
贊後落款為"庚辰殘臘元白啓功書"，並鎸"啓功之印"、
"元白居士"二印章，可見此跋語為1940年所作。該卷又有
沈兼士、顧隨、秦裕、賈魯等四人的題跋。

唐人寫經殘卷跋

右唐人寫《妙法蓮花經》卷一《序品》後
半《方便品》前半，共二百二十九行。硬黃紙
本。前有"大興樂氏考藏金石書畫之記"朱文
印。余以重值得之遵化秦氏。以書體斷之，蓋
為初唐之跡。世字已有缺筆，當在高宗顯慶以
後耳。此卷筆法骨肉得中，意態飛動，足以抗
顏歐、褚。在鳴沙遺墨中，實推上品。或曰：
此經生俗書，何足貴乎？應之曰：自袁清容誤
題《靈飛經》為鍾紹京，後世悉以經生為可
大，雖精鑒如董香光，尚未能悟。夫紹京書家
也，經生之筆，竟足以當之，然則經生之俗處
何在？其與書家之別又何在？固非有真憑實據
也。余生平所見唐人經卷，不可勝計。其頡頏
名家碑版者更難指數。而墨蹟之筆鋒使轉，墨

華絢爛處，俱碑版中所絕不可見者。乃知古人之書託石刻以傳者，皆形在神亡，迥非真面矣。世既號寫經為俗書，故久不為好事家所重，而其值甚廉。余今竟以卑辭厚幣聘此殘卷，正以先賢妙用，於斯可窺；古拓名高，徒成駿骨耳。贊曰：墨瀋欲流，紙光可照。唐人見我，相視而笑。

此《法華經》寫本為啓功先生珍藏的敦煌殘卷中尺幅最大者，先生曾數次出示我一同觀賞。先生另藏有一小段《妙法蓮花經》殘卷，前幾年中國印刷博物館正式建成，武文祥館長向啓功先生徵集展品，先生遂將該卷無償捐贈。

啓功先生收藏的敦煌寫卷，我還見過數件，其中有一冊子裝為幾十個寫本碎片合裱者，大概不為一般收藏者看好，故購入時價格甚廉，其實因為匯集了各時代、各字體的寫本殘片，甚具參照價值；有一為道經寫本（卷背有僧人雜抄），書寫精妙；另有三件係幾年前從琉璃廠中國書店購進。這些因均無題跋，又待正式刊佈，此不詳述。

上錄三則題跋言簡意賅，不僅內容十分豐富，而且論斷獨到精彩，既涉及中國字體學和書法史上的關鍵問題，也體現了啓功先生求真、求通的治學精神。

（二）

啓功先生的題跋明確地指出了唐人寫本真跡在我國字體學、書法史研究上的珍貴價值，可謂獨具隻眼。正如啓先生在《古代字體論稿》中所指出的：所謂字體，即是指文字的形狀，它包含兩個方面：其一是指文字的組織構造以至它所屬的大類型、總風格。其二是指某一書家、某一流派的藝術風格。而前代對此的研究，所依據的多側重於古代文獻的記載和某些著名法書字跡。近現代由於考古發掘的發達，出現了較多的古代文字實物資料，豐富了研究對象。但是，可以説絕大多數的研究者，有的只是關注甲骨卜辭、鐘鼎銘文、簡牘記事、敦煌吐魯番文書的內容，有的只是單純欣賞某些"書法精品"，而不能從認識碑銘字跡與簡牘及紙本墨蹟的區別着手，透徹地解決字體、書法發展史上的根本問題。而在我國敦煌學界，從六十多年前開始，真正從字體學、書法史角度來研討敦煌寫本的，啓功先生實為第一人。

求真指偽是文物鑒定與研究的第一目標，啓功先生正是以"真"為標準來探討寫本與碑版之區別的。先生告訴我們，對古代字體與書法的研究來説，"求真"的涵義並不只限於判定這些有文字字跡之載體(如甲骨、竹簡、器皿、石鼓、碑崖、絹帛、紙本等)的真假，還必須判別那些字跡之間的差異與流變。過去人們臨帖練字，往往重碑版而輕墨蹟。啓功先生則一針見血地指出："晉唐法帖，轉折失於勾摹；南北名碑，面目成於斧鑿。臨池之士，苟不甘為棗石氈蠟所愚，則捨古人墨蹟，無從參究筆訣。"又斷言："(唐人經卷)墨蹟之筆鋒使轉，墨華絢爛處，俱碑版中所絕不可見者。乃知古人之書託石刻以傳者，皆形在神亡，迴非真面矣。"這真是石破天驚之語！古書家墨蹟上石勾摹，經匠人鑿刻，神氣已失許多；若再捶拓成紙本，又有變化；如再加翻刻印刷，則全失其本來面目矣。啓先生説："余嘗以寫經精品中字攝影放大，與唐碑比觀，筆毫使轉，墨痕濃淡，一一可按。碑經刻拓，鋒穎無存。即或宋拓善本，點畫一色皆白，亦無從見其濃淡處，此事理之彰彰易曉者。"(《論書絕句》第十一首自注，三聯書店，1997，頁24)又説："惟古碑傳世既久，氈捶往復，遂致鋒穎全禿，了無風韻。"（同上，第二十三首自注，頁48）清代翁方綱一生固守化度寺碑，字模劃擬，幾同嚮搨，啓先生遂嘲之為刻舟求劍。啓功先生在題跋讚語中所宣稱的"人棄我取"，就是捨形似而求神契，這才是"求真"的真諦和精髓所在。啓功先生平生臨過的名帖可謂不計其數，但他最看重的還是臨寫敦煌寫經原卷，甚至講："余遂求敦煌石室唐人諸跡而臨習玩味，書學有所進，端由於此"（同上，第十八首自注，頁38），宣稱自己是"半生師筆不師刀"（同上，第九十七首，頁196）。我想，這大概可以視作他的一個"秘訣"，先生自謂"出入懷袖，客座倦談，講肆暇暑，寂寥展對，神契千載"、"晴窗之下，日臨一本"、"日百回看"，達數十年而不倦，若將他收藏的敦煌寫本稱之為"隨身寶"恐亦不為過也。

對於敦煌唐人寫經，啓功先生又特別注意將它們放在字體流變的背景裏進行鑒賞與研究，並不以"雅"、"俗"來定真偽。敦煌寫經，有許多是當時一般信眾為做功德而請人抄寫的，寫經者多為文化程度較低的"經生"，若與朝廷專門頒發的"標準經卷"相比，似可目之為"俗寫"，藝術水平會有高下之分；但重要的是它們非但不偽，反而常常不乏真率可愛之趣。啓功先生《論書絕句》第十一首云："乳臭紛紛執筆初，幾人霧霽識匡廬。棗魂石魄才經眼，已薄經生是俗書。"又自注曰："唐人細楷，藝有高下，其高者無論已，即亂頭粗服之跡，亦自有其風度，非後人摹擬所易幾及者。"（同上，頁24）所以，啓先生始終認為，即便是從書法的角度看，這些唐代"經生俗書"亦彌足珍貴。先生每每強調：古代字體嬗變，皆有緣故；鍾繇雖古而風致尚未極妍，六朝稱壯而變化容猶未富；發展至唐，則點畫萬態，骨體千姿，字字精工，絲絲入扣，可謂瓜熟蒂落，達於大成。尤其是"真書體勢，定於唐賢"。因此，唐代飽學之士的"雅寫"誠然可貴，下層文人或經生的"俗書"也有其不可忽視的價值，二者就統一在一個"真"字上。

對敦煌學界有的研究者自設雷池，以某幾個"標準寫本"為框框定真偽的做法，啓先生向來十分反對。1996年10月，啓功先生曾帶領一個專家組赴美、英、法等國考察與鑒定中國古代書畫。在倫敦大英圖書館東方部，吳芳思女士請啓功先生看一些被某國權威指為"偽卷"的敦煌寫本，啓先生明確判定這些其實均是晚唐五代經生俗寫，完全不偽，於是提筆寫了一段話："一九九六年十月十日下午獲觀館藏敦煌經卷，其中有晚唐、五代寫經生拙筆所書者，聞有妄人指為偽作，因為誌此，以奉告典藏諸君，自古法書有真有偽，而此輩妄人囈語切莫聽也。"並與一路同行的王世襄、傅熹年等專家一起，在這段話後鄭重地簽上了自己的名字。

更能啓人心智的，是啓功先生在雅、俗之間求"通"的鑒賞眼光與研究方法。啓先生曾聲明："平生不喜雅俗之説，文字尤難以雅俗為判。"（《論書絕句》第三十九首自注，同上，頁80）在前錄敦煌寫經的題跋中，他稱讚祢子經生之跡"亂頭粗服中，妙有顏平原法，不經意處，彌見天真",其上品更是"筆法骨肉得中,意態飛動,足以抗顏歐、褚",並且舉出袁清容誤題《靈飛經》為鍾紹京而董其昌不能辨的例子,說明經生之筆足以當書家,雅、俗之間實可相通,難以截然為別。上世紀初敦煌寫本面世後,文史研究者對其中的"俗文學作品"(如變文、俗賦、民間曲詞歌辭)和"世俗及寺院文書"格外關注,關鍵就在於它們可以補正傳世典籍之闕失;然而,欣賞與研究"敦煌書法"者,則較多青睞他們認為的名拓古帖和一些"精品",很少用匯通的觀點來探究雅、俗關係,進而肯定經生俗寫在中國書法史上的地位。依筆者體會,如果從個人賞習的角度講,書法的雅、俗之分,雖一點粗、細的客觀因素在內,卻始終帶有強烈的主觀色彩,因此不僅常隨個人之好惡而見仁見智,而且也會因鑒賞者的學養、能力、水平的高低而不同。例如有些書家津津樂道的"現代派"(乃至"超現代派")書法,以筆劃扭曲形似圖繪為尚,寫字以讓人看不懂而自我陶醉,你以高雅自詡,我看俗不可奈(如啟先生所云"人不能識,斯真俗不可醫者")。其雅乎?俗乎?

另一方面,從書法史與字體史的角度看,如果真有雅與俗、正與俗之分,也是同源共流,相通互聯的。在漫長的漢字字體發展的過程裏,文字在流通應用中"雅"隨"俗"、"俗"成"雅"、"俗"變"正"的例子可謂不勝枚舉。道理很簡單,因為"文字貴在通行,符號取其共識"(同上,頁80)。若就藝術風格而言,"雅"的東西若孤芳自賞,自我封閉,便必然會失去生命力而漸趨凋敝;反之,若推廣流行,大眾普遍仿習,便一定成為通俗。在書法史上,名家法書也不一定稱"雅",啟先生曾提及一個很典型的例子,唐朝韓愈以石鼓文的篆籀為"雅"，就説王羲之的真書行書為"俗"（《石鼓歌》："羲之俗書趁姿媚"）。就字形而論，六朝的碑別字，敦煌寫本中的俗字，有不少後來成了公認的正體字，有些則被淘汰了；而曾經通行的正字，後來變成異體俗字的，也不在少數。由於敦煌寫本絕大部分是實用、應用的寫經與文書，它們的寫、作者又大多為下層文人、僧尼、學郎、官吏，字體、風格豐富多樣，其差異之大，雖難以劃一，卻利於求通，因而就更具探究價值。總之，不囿於傳統的書史材料，"信千秋之真賞，不在金題玉躞"，從而拋棄成説，用敦煌寫卷來探究書法的體勢之變、雅俗之通，求真求新，這確是啓功先生的高明之處。

（三）

人們在歎服啓功先生鑒賞古代書畫的眼光、功力時，往往偏重於讚許他的天賦（包括聰慧、睿智）與創新精神，而忽略了後天的勤奮努力，尤其是忽略了造就深厚學養的"物質條件"——大量經眼古代書畫真跡。敦煌莫高窟藏經洞所出古代寫卷，十有六七已流散海外，劫後餘珍留存國內者總數約兩萬件（號），唐人寫經佔十之八九。對這部分寫本，除研究佛教典籍的專家較為重視外，一般的研究者關注不夠；當然，由於各種原因，能夠接觸大量原件的人也很少。而啓功先生從青年時代起就有志亦有緣，得以不斷觀摩並收藏敦煌寫經。先生在《論書絕句》第八十三首的自注裏有這樣一段話："先師勵耘老人每誨功曰，學書宜多看和尚書。以其無須應科舉，故不受館閣字體拘束，有疏散氣息。且其袍袖寬博，不容腕臂貼案，每懸筆直下，富提按之力。功後閱法書既多，於唐人筆趣，識解稍深，師訓之語，因之益有所悟。"（同上，頁 168）於此亦可見陳垣老校長的教導對啟功先生影響之大。我記得大約 20 年前，有人曾建議啟功先生帶書畫鑒定的研究生，先生沒有同意。啟先生説："學書畫鑒定必須能夠看到大量的原件，現在沒有這個條件，實際的東西看得少，架空講理論，架空傳授別人的經驗，那是要害人的。"當時我聽了這話，還不十分理解，後來有機會常常觀察啟先生的鑒定實踐與聆聽他的教誨，才開始明白先生揭示的道理。啟功先生少時即拜書畫名家為師，受家庭及周圍環境薰陶，加上自己的勤奮好學，得以親眼觀摩大量的古代書畫真跡與贋品，又有自身的創作實踐，積數十年的經驗體會，才能煉就"火眼金睛"，做到得心應手。

鑒賞與研究敦煌寫卷，又不能局限於光看敦煌卷子本身，除了要運用各類文獻典籍外，還必須諳熟與字體書法相關的文物。啟先生自述一方面"生平所見唐人經卷，不可勝計"，另一方面"酷耽書翰，凡石渠舊藏，私家秘笈，因緣所會，寓目已多"，奠定了做鑒定與比較研究的扎實基礎。我們讀啟先生的敦煌寫經題跋，於字裏行間處處可以感受到他在這方面的深厚學養與豐富經驗。十多年前，敦煌研究院要選一些敦煌寫卷到日本去展出，兩位研究員先拿了幾個卷子到北京來，讓我帶他們去請啟功先生鑒定。有一個寫卷剛展開一半，啟先生就説這是某朝某代所寫，而且馬上列出了好幾條具體的證據，捲到卷子末端一看，果然不差。另一個帶卷軸的寫經，還未打開，先生就説這種裝裱肯定不是敦煌所出，而是日本某代某人的寫經，千萬不要當敦煌寫本拿到日本去展覽。打開之後，先生看我們似有疑惑，便從裏屋找出一冊印有日本古寫經的圖錄來對照，真讓我們心悅誠服。
我想，要達到望而即知這種爐火純青的境界，必須見多識
廣，而且日積月累，爛熟於心，進而做到融會貫通。

　　啓功先生鑒賞、研習敦煌寫卷已經六七十年了，雖然他
專門為此寫下的著述不多，卻是他學術成果的重要組成部
分，很好地體現了他求真、求新、求通的治學思想，值得我
們認真學習領會。"墨瀋欲流，紙光可照。唐人見我，相視
而笑。"我想，只有像啓先生這樣眼觀萬卷，學富五車，才
能心會百代，神契千載，與聖賢哲人相視而笑。

　　　　　　　　　　　　　　　　（2002 年 2 月於中華書局）

啓功先生對"隋人書《出師頌》"
的基本意見

筆者2004年秋季應邀在臺灣中國文化大學史學系擔任
客座教授，11月1日蒙黃緯中教授與李玉珉研究員熱情導
引，得獲觀故宮博物院展出之國寶《懷素自敍帖》真跡與高
科技攝影該帖部分照片，並拜讀何傳馨研究員發表在《故宮
文物月刊》第二十二卷第七期（總259）上的精彩介紹文章
及相關學術討論會論文，自己雖於書畫鑒定為外行，仍收穫
良多，不勝歡欣！我當日便打電話將個人觀感向遠在北京師
範大學寓舍的啓功老師報告，老師亦十分高興。因為他在此
前不久出版的《啓功口述歷史》一書中談到古書畫鑒定時曾
特別強調："其次是看紙墨。這是古字畫之所以成為古字畫
的先決條件，或曰硬件條件。高科技的引入在這一領域尤為
急迫，比如電腦的筆劃複製和識別，化學元素的檢驗和鑒定
等，都應是過硬的第一手材料。……如某些古帖到底是雙勾
廓填還是真跡，是可以在強光下通過細心觀察看出來的，前
面說的《伯遠帖》就是例證。"（《啓功口述歷史》，北京師
範大學出版社2004年7月第一版，第188頁。）此番臺灣
故宮博物院專家所做的工作，便相當精彩。可惜老師年邁體
衰，已經沒有機會親臨臺北，再次目鑒《自敍帖》原件，並
重新發表意見了。他希望通過我轉達對臺灣故宮博物院諸位
同仁的問候與敬意。

近日，我又閱讀了剛剛出版的《故宮文物月刊》第二十二卷第八期（總260），看到有無錫市書畫院穆棣先生的文章《論隋賢〈出師頌〉中"晉墨"引首非"明人拼配"，而是清人續鳧》，副標題是"兼與北京故宮博物院六人專家組商榷"（以下簡稱"穆文"）。文中引述若干資料，論證"晉墨"引首作偽、拼配於清順治十五年至乾隆七年之間。此雖係採用排除法推論而無的據，仍不失為一家之言，使我這個外行看了亦頗受啓發。但是，正如作者在文章開頭便指出的，拍賣"西晉索靖真跡《出師頌》"是嘉德公司的不實宣傳與眾多媒體的介入炒作，而文章作者卻僅憑嘉德宣傳品的"前言"與潘深亮的文章，把板子打到啓功、徐邦達等大家身上，該文商榷的矛頭也直指"故宮博物院六人專家組"，這便與事實不符了。筆者作為二十多年來常在啓功先生身邊聆聽教誨的學生，有責任介紹啓功先生對"隋人書《出師頌》"一貫的、基本的意見與最新的談話，以正視聽。

早在1942年，當時三十一歲的啓功先生在輔仁大學就作過《晉人草書研究》的演講，其中就有專門考辨索靖《出師頌》的部分。啓先生說：

《出師頌》書作章草，墨池堂《戲鴻堂》本，題曰索靖，《玉煙堂》本，題曰蕭子雲，《三希堂》本，有米友仁跋，定為隋人。嘗合校之，明人所刻，"鼓無停響"，"鼓"皆作"救"，文遂不通。《三希堂》本墨跡，今有影本行世，筆勢古厚而流美，決非嚮搨可得，因嘗懸斷明人所刻底本為偽。後於友人家見一墨蹟，為陶齋舊藏者，有明初人及文彭十餘

跋，備致推許。其誤處與明刻皆同，紙墨尚不
及唐宋之古，雖不敢即指為章董諸刻所據之
本，而誤字既同，則章董諸本之非真，可斷言
也。且王世貞曾收二本，是明代以前，此帖摹
本非一，皆輾轉傳模，信筆題署，要以米跋本
為最古，至其是否隋人，固無的據。總之不題
為六朝以上人，米氏自有特識，苟僅依彙帖標
題則以後作先，不亦慎乎。(《啓功叢稿‧藝論
卷》，北京中華書局2004年第一版，第2、
3頁。)

　　啓功先生的《論書絕句》一百首，是他書法理論的重要
組成部分，寫於1935年至1974年間，為先生四十年間深
思熟慮之作，上世紀80年代結集出版，已經在大陸與香
港、臺灣地區印行了多種版本。書中每一首絕句均有題記及
自注，與詩句合成整體。這是書法界的朋友都熟知的。而穆
文則有意回避了這一事實，在文中輕描淡寫地說："啓氏七
絕小詩一首，原不過是驟發詩興之類，稱其徘徊於考證之邊
緣或更允當。"在文末注釋二十中亦只引詩句，只標出處為
香港《書譜》雜誌1987年第五期，似乎他並不知有全書。
現在，我們就來看看啓功先生的這首詩及題記、自注：

論書絕句　三十七

　　隋賢墨蹟史岑文，冒作索靖蕭子雲。漫說
虛名勝實詣，葉公從古不求真。

　　佚名人章草書史岑《出師頌》。米友仁定

為隋人書。宋代以來叢帖所刻，或題索靖，或題蕭子雲，皆自此翻出者。此卷墨蹟，章草絕妙。米友仁題曰隋人者，蓋謂其古於唐法，可謂真鑒。昔人於古畫牛必屬戴嵩，馬必屬韓幹。世俗評法書，隸必屬蔡、鍾，章必屬索、蕭，亦此例也。

墨蹟本有殘損之字，有筆誤之字，叢帖本中處處相同，故知其必出一源。余所見各帖本筆劃無不鈍滯又知其或出於轉摹，或有意求拙，以充古趣，第與墨蹟比觀，誠偽不難立判焉。世又傳一墨蹟本，題作索靖。染紙浮墨，字跡拘攣，宋印累累，無一真者。後有文彭跋數段，曾藏於湨陽端氏（端方），見其《壬寅消夏錄》，涵芬樓有影印本。後歸於余一戚友家，曾獲見之，蓋又在叢帖本之下也。

余常遇觀古畫者，於無款之作，每相問"這到底是誰畫的？"因悟失名書畫之一一妄添名款者，皆為應此輩之需耳。（同上，第43、44頁。）

這麼明白的三段文字，穆文居然隻字不題，實在讓人費解。

多年以前，啓功先生將他從日本舊書店購得的中村不折氏所著《禹域出土墨寶書法源流考》兩函交給我，希望能找人翻譯出版。前年，我遂請北京國家圖書館敦煌吐魯番資料中心的李德范女士翻譯此書，去年8月由中華書局出版發行。啓功先生拿到是書後，特地讓我注意書中論及草書的文字。其中有這樣一段：

> 皇象的《文武帖》、索靖的《月儀帖》等真跡，若有現存，想可能會與流佈法帖的面目頗異。《來鴻館帖》、《墨池堂帖》、《戲鴻堂帖》等中的索靖《出師頌》，規格通為章草體。又，被稱為真跡的《三希堂法帖》中的隋人書，所著面目雖然與其他帖有異，但從文字的排置判斷，其結果是來自於同一原本。《三希堂法帖》直接來自墨蹟，而其他帖是轉模而來。轉模間，隋人之書變為晉人書，以至冠以索靖之名，最終造成了其中不見漢人草書的謬誤結局。大抵刻於法帖的漢魏草書，由此筆法作出，雖不切中，亦不遠矣。(《禹域出土墨寶書法源流考》，北京中華書局 2003 年 8 月第一版，第 30 頁。)

啟先生認為中村氏所論頗可注意，因為涉及了不同法帖的源流異同。直接源自墨蹟與轉模翻刻，孰優孰劣，判然分明。先生另一首論書絕句有"豈獨甘卑愛唐宋，半生師筆不師刀"之句，也正是這個意思。先生對我講：米友仁對《出師頌》墨蹟本的鑒別，排除晉墨，又因其古於唐體，故定為隋人所書，確實是有道理的。

正因為如此，當嘉德公司開始宣傳 "索靖真跡《出師頌》"時，啟功先生馬上表示了明確的不同意見，而且質詢潘深亮文的根據。因為先生從來都認為那絕非"晉墨"。後來，由於眾多媒體的介入、炒作，事情變得混淆不清。有不少媒體又藉此要到師大小紅樓來採訪啓功先生，弄得先生非常疲倦與生氣。有一次我正在先生家中，先生接到南方某報記者的電話，先生一口氣講了近兩個小時，那位記者還是糾纏不清。先生的嗓子為此沙啞乃至失聲。我清楚地記得當時先生一再強調：這個《出師頌》肯定是一件精品、上品，但我從未鑒定它是索靖真跡，引首的作偽也是明確的。至於拍賣多少價錢，應是買賣雙方的事，與我無關。後來，我聽説嘉德公司專門為此事向啓先生道歉。

也正因為此，啓功先生今年初在口述自己的生平説到書畫鑒定時，又專門提及此事。他説：

> 還有去年才收購的號稱晉人索靖所書的章草體的史岑的《出師頌》，其實史籍早有記載它不是索靖的作品。米元章在他的"草書六帖"（現在日本大阪美術館）中曾記載説他從未見過索靖的真跡，並以此為憾，説如見到就能知道他下筆的方法了。米元章的朋友黃伯思的《東觀餘論》也曾有兩處明確記載唐以後就見不到章草體的墨蹟了。所以宋高宗在讓米友仁鑒定時，米友仁明確説這是"隋賢"的作品。我在《論書絕句》中早就談到這個問題……這兩個例子證明要想對書畫鑒定有真知灼見，必須有廣博的書畫以外的知識學問。（《啓功口述歷史》，北京師範大學出版社，2004年7月第一版，第191、192頁。）

現在再來談穆文攻訐的"北京故宮博物院六人專家組"

的"一致考定"。因為啓功先生對拍賣《出師頌》的高價炒作，是持不同意見的。所以，據我所知，當時故宮博物院臨時擬了一個名單，邀請了六、七位專家去討論。第一次啓功先生勉強到會，主事者知道啓功、徐邦達、傅熹年幾位明確持不同意見，所以根本沒有就是否索靖真跡展開討論。當時王連起先生拿了與"晉墨"引首相關的宋高宗花押材料給幾位先生看，大家確定引首上的花押明顯作偽。傅熹年先生則指出引首紙的龍形圖案係明代開始才有的風格。傅先生並沒有下"明人拼配"的結論。這次會議既沒有宣佈成立一個"六人專家組"，也沒有簽署正式的"鑒定意見"。因此，當故宮再次開會時，啓功先生就沒有去；有人提議請文物出版社蘇士澍先生參加，啓功先生也以幽默的話語勸蘇別參加。所謂的"一致考定"純屬虛擬。穆文僅引取《中國文物報》報導的片言隻語，來確定自己的商榷對象，也是不嚴肅的。至於穆文宣稱"學界未聞異詞"，那是孤陋寡聞，老先生們只是不屑再在那些熱中炒作的媒體上再發表甚麼意見而已（眾所周知，許多糾正意見，那些報刊也是不會登的）。

啓功先生對"晉墨"引首也有非常明確的意見。先生在《啓功口述歷史》中說：

> 去年炒得沸沸揚揚的《出師頌》，有人説是晉朝索靖所書，帖前有落款宋高宗所題的"晉墨"二字及花押，而題寫此二字的紙上有龍形圖案。據傅熹年先生説，僅憑這些圖案就可斷定此"晉墨"二字為後人偽託，因為龍上的鬃髮都是方形向上的，稱為"立發龍"，而

> 這種畫法是明朝以後才有的。明朝以後的紙怎
> 麼會有宋人的題字？這不一目了然了嗎？更何
> 況花押的簽署與宋高宗寫給岳飛的手箚上的花
> 押也不同。（同上，第188、189頁。）

可見，啓功先生斷定"晉墨"引首乃"明朝以後"人作偽，這與穆文花費了許多筆墨推測為清代順康間人作偽有甚麼矛盾呢？莫非清代不是"明朝以後"嗎？

於是我想到了後輩學子做學問時"與前輩名人商榷"應該具備的基本條件與態度，這就是首先要下功夫真正弄清前人的觀點，全面瞭解他們的成果，分清是徹底推翻前人的觀點、否定他們的成果，還是在前人治學的基礎上有所發展與創新。我跟隨啓功先生幾十年，常常親身感受到先生對後輩學子的深切關懷與精心培養，尤其在教學中非常民主，經常熱情鼓勵學生提出與他不同的學術觀點與見解，平等待人，從不以教訓別人者自居。許多前輩學者亦都如此，故而受到大家的尊敬。可是現在有一種不好的學風，有人急於成名、出成果，就專打與前輩學者、名人"商榷"的旗號，來創造"名氣"；有些明明是站在前人研究的基礎上，卻睜着眼睛不認賬，企圖一筆抹殺前輩成果，製造"轟動效應"。更有甚者，名曰"商榷"，文字間卻充滿自詡、揶揄、嘲諷。遺憾的是，細讀穆文，就給人有這種感覺。我也注意到，臺北剛剛印行的《懷素自敍與唐代草書學術討論文集》中，亦收有穆棣先生的論文，副標題也是"與啓功先生商榷"，全文既對啓功先生大興討伐之意，又洋溢自負自詡之情，如指責啓功"推波助瀾"、"前後評騭，判若二人"，斷言"始作

俑者則捨啓功而莫屬"、"其説恰如紙上談兵，浪漫詭奇有餘而實際操作之可能性無存，因而美其名曰'天方夜談'亦無不可。""其實是早已從心所欲不逾矩，又有何'匆忙'之必要"；嘲諷啓功先生："未免顯得過於天真可愛，然其實質顯屬似是而非的悖論而已！"宣告："是知啓、徐二説均不足道也。""耳食皮相之説，又何足道哉！"如此等等，不一而足。這哪裏是在與前輩學者"商榷"，分明是以教師爺的身分在訓人！想不到"文革"結束快三十年了，我們卻還能在臺灣出版的"學術論文"中碰見這樣惡劣的文風與態度，確實令人驚訝。我衷心希望穆先生能將自己的聰明才智用到做學問上去，虛心向前輩學習，以求得學術研究的進步。

（2004 年 11 月 5 日於臺北陽明山寓舍）

重讀中國古代文學史筆記

　　1961年夏秋之際，我考入北京師範大學中文系學習。在課程設置中，"中國古代文學史"與"中國古代文學作品選講"是兩門課，前者先後由郭預衡、韓兆琦、鄧魁英、聶石樵四位老師分先秦、兩漢、唐宋、元明清四段講授。四位老師的教學各有特色，郭的精闢，韓的奔放，鄧的清晰，聶的縝密，都給處於初學階段的我們留下了深刻的印象。誠然，從引導思路和便於做筆記的角度出發，似乎大家更適應郭、鄧二位老師的課。

　　當時師大提出的培養目標十分明確，是"合格的中學教師"，衡量教師的主要標準也很明確，是教學工作的效果，而不是發表論著的數量。同學們並不瞭解每位教師有哪些著作，但都認為講師、教授的主要任務就是教學。因此，大家覺得能聽到四位老師各具特色的講課，是一種緣分；覺得如果將來去當老師，能像郭、鄧二位先生這樣講課，此生足矣。記得1965年冬去長城腳下的康莊中學實習，帶隊的老師就是鄧魁英先生。在皚皚雪地上，我踩着鄧先生的腳印向前走；在課堂上，我也是努力仿效着鄧先生來進行教學的。我上大學時的興趣比較廣泛，除了對練習寫散文稍有愛好外，幾門課都平均使用氣力，在古代文學上也並沒有下多少功夫，更沒有要當某方面專家的宏大志向，所以往往使有心要培養我的幾位老師頗感失望。

文革驟起，大學畢業，我自願去了新疆，當一名中學教師。過去老師講課的內容，此時似乎都用不上了；但講授的方法，我還是努力依照師大的老師們為榜樣，希望我的學生們能聽得清楚，記得明白，有所收益。當時沒有想到的是文革之後撥亂反正，已經年過三十的我還有機會回到母校讀古代文學的研究生，招生的老師是郭、聶、韓三位，入學半年多後又增加了啟功、鄧魁英兩位導師，這又是緣分。按慣例講古代文學依然要分四段，第一學期先由聶先生開講《詩經》、《楚辭》，郭先生講先秦散文，韓先生講《史記》；第二學期先由王汝弼先生講魏晉文學，1979 年 4 月 5 日起啟功先生開講唐代文學。雖然啟功先生十分不贊成這種"分段烹魚"式的教學內容與方法，主動到我們宿舍來開"豬跑學"，段還是照分不誤。後來，碩士論文的指導老師要分工落實，考慮到林邦鈞、趙仁珪二位學兄希望由啟先生指導論文的願望，我歸到鄧先生名下；而啟、鄧二位對我這個老學生是厚愛有加，實際上是聯手指導——這也打下了日後兩位老師多年合帶博士生的基礎。

正是在研究生階段，在老師的啟示下，原本對中國古代文學史教學可以說是渾噩無知的我，開始對某些問題有了一點自己的思考。有的想法，當時和回到工作崗位後偶爾也向啟、鄧、聶幾位老師報告過，但因為主要的學習內容和精力已經不在於此，所以一直沒有理出頭緒來。現在啟功先生已經乘鶴仙逝，我只能默默祝禱；趁幾位師弟為聶、鄧先生編賀壽論文集向我徵稿之機，我尋出 27 年前的聽課筆記，匆匆溫習一過，以原筆記中老師們的提示為線索，將自己思考的問題先理出幾個來。因為近期時間太緊，我暫時只能敍其大概，不可能周密與成熟，衷心祈望師友們指正。

一、"民主性"與"封建性"

聶先生在講課伊始，便開宗明義地提出了我們學習古代文學的指導思想：第一，對古代文化做科學總結；第二，批判地繼承文化遺產，即"剔除其封建性的糟粕，吸取其民主性的精華"。以毛澤東對屈原的評價為例，指出屈原的作品即屬於"民主文學"。由此我考慮了兩點：（一）毛澤東1940年在《新民主主義論》中所述，應該是西方的"民主"概念，即源於古希臘城邦制的以民意做決定的某種制度，後來發展為資本主義國家的議會制度，又有19世紀中葉後西方馬列主義的"無產階級民主"觀念；中國的新民主主義革命則提出了"人民民主"的主張。總之，這個"民主"是指"民為主"。而中國古代"民主"的原始涵義則是"民之主"（見《尚書·商書》），指主民的統治者，與西方的概念完全不同。中國古代有的是"民本"思想。因此，講"民主性精華"，是今天用西方觀念來衡量的，是"古為今用"的一種體現。至於"封建性"，又是從"五四"新文化運動的對立面來論定的，在古代則並非只能是"糟粕"的定語。那麼，我們學習中國古代文學，批判地繼承文化遺產，似乎就不能將"封建性"與"民主性"絕對對立起來，也不應完全限定在這一標準與範圍之內。這是就文學作品的思想內容而言。至於文學作品的藝術形式，似乎更難用"封建性"或"民主性"去區分，應該還有一個相對獨立的"文學性"的標準。（二）對古代文學做科學總結非常重要，如果用馬克思主義的觀點來衡量，就要求符合歷史唯物論與辯證唯物論。這就應該從作家、作品的實際出發，從他們（它們）在中國文學發展史的長河中的作用和地位着眼，而不能先入為主地提出"以論帶史"的口號，用西方引進又改造過的理論框架去套。

聶先生講屈原，主張從戰國時代"儒法之爭"的實際情況出發，指出屈原的基本思想是主張"以德治國"、"法先王"，重視"修身"，反映了當時儒、法兩家的演變。這是很正確的，給了我不小的啟示。我們肯定屈原的愛國主義，當然就是肯定他對所處楚國疆土與人民的熱愛，肯定他對外來兼併與侵略的反抗和維護正義、主權的精神，而不是從封建大一統與諸侯國割據在社會發展史上的地位去評判。後來的岳飛抗金、吳三桂引清兵入關等等，也應作如是觀。"忠君"與"愛國"的關係問題，糾纏了我們幾十年，如果還是將"封建性"與"糟粕"相等同，與"民主性"截然對立起來，這個問題永遠也辯不清。

由此想到"文學性"在我們學習文學史中的地位問題。這個話題現在聽起來似乎有點可笑，其實卻一直是文學史教學中困擾師生的問題。郭預衡先生講先秦散文時，提出的第一個問題就是"儒家的一些經典能否作為散文講？"答案是肯定的，且不僅儒家，其他如道、法、名、墨、縱橫及雜家亦有大量散文傳世。但在文學史課的具體講授之中，重點依然是諸子各家的政治態度，是各家著作的思想內容，很少涉及那些散文的文學特徵、藝術性。《漢書·藝文志》云："諸子十家，其可觀者，九家而已。皆起於王道既微，諸侯力政，時君世主，好惡殊方，是以九家之說蜂出並作，各引一端，崇其所善，以此馳説，取合諸侯。……若能修六藝之術，而觀此九家之言，捨短取長，則可以通萬方之略矣。”兩千年前班固定下評述諸子著作的基調，禁錮了人們多少年。後來讀到郭先生的《中國散文史》，視野為之開拓，思路為之暢通，真有如釋重負之感。韓兆琦老師為研究生講《史記》，重點是《史記》的思想內容所反映的司馬遷的進步史觀，而在講《史記》的藝術特色時專列一節“《史記》的歷史感和文學誇張”。“歷史感”是借用黑格爾提出的概念，亦即“歷史真實性”。《史記》被魯迅譽為“史家之絕唱”，自然是符合歷史真實的史學名著；但魯迅同時又讚之為“無韻之《離騷》”，當然又不能忽略其文學性。韓老師將《史記》裏的作品具體分析為三種類型：歷史感、文學性均強；歷史感強、文學性弱或文學性強、歷史感弱；歷史感差而文學性很強。具體的篇章，尤其是第三類的例子，韓老師分析得很精彩，指出其真正原因在於作者的思想感情與篇中歷史人物的共鳴。這就涉及文學作品的創作動因與創作時的情感寄託這個重要問題。至於如何理解“《史記》的小説因素”，啓功先生有非常精闢的見解，無庸我在此贅述了。

二、 “文如其人” 及 “文品” 與 “人品”

己未年（1979）春節剛過，王汝弼先生便以帶病之身為我們講授魏晉文學，這使大家都很受感動。王先生講到曹操對兩個兒子曹丕、曹植的看法，當然主要是從政治上能否接班着眼的。植“任情而行，不自雕勵，飲酒不節”，雖“以才見異”，終究不敵曹丕的政治手腕。若以文采而論，丕“妙善辭賦”、“樂府清越”（《文心雕龍》評語），“新奇百許篇，率皆鄙直如俚語"（《詩品》評語）。植則"骨氣奇高，詞采華茂，情兼雅怨，體被文質，粲溢古今，卓爾不羣"（《詩品》評語），"體贍而律調，辭清而志顯"（《文心雕龍》評語）。儘管《典論·論文》為曹丕在中國文學批評史上贏得了地位，儘管《三國志·魏志·文帝紀》上盛讚曹丕"天資文藻，下筆成章，博聞強識，才藝兼該"，公論在文學成就上終究是丕不敵植。早在1943年，郭沫若先生曾為此發表過長篇論文《論曹植》（後收入郭著《歷史人物》一書，人民文學出版社，1979年），力圖推翻抑丕揚植的公案。郭老此文的意義，是從文品與人品兩個方面全面地做丕、植比較，以得出較為公允的結論。可是二十多年後，郭老的一本《李白與杜甫》，卻又揚李貶杜，走到了他曾反對過的極端。對此，啓功先生1979年在為我們講授李白與杜甫時，做了全面的具體分析。茲將啓先生開講時我做的筆記引述如下：

> 李、杜優劣，在他們當時就有人爭論。到了現在，郭老的《李白與杜甫》可以講是達到爭論的高峰了。我認為這二人肯定不同，優劣也有，但不能簡單拿人分。各人都有自己的優劣、高低。應該再"切一刀"，就比較合適了。唐代元稹作過杜甫的"墓系銘"，最後認為李不如杜："則李尚不能歷其藩翰，況堂奧乎？"這是他的偏見。郭老的書，當時沒有時間看，到現在也沒有看見。我只知道（書中）兩件事，一是（出生）碎葉問題，一是傳講李都好，杜全要不得。我想郭老不會那麼絕對，

　　但畢竟是揚李抑杜。

啓先生那堂課是着重從詩歌體格的繼承與創新來評述李、杜的。李是"繼往"，杜是"開來"，各有千秋，難分高低。這使我想起 1962 年在杜甫 1250 年誕辰的紀念大會上，我有幸與會，親耳聽到郭老用激昂的語調稱頌李、杜是"中國文學史上燦爛的雙子星座"。"文革"中"評法批儒"運動的衝擊，迫使郭老言不由衷，的確令人遺憾。

　　不可否認，即便是正常的文學作品的評價，除了重視文學性的作用外，也還有人品的因素在內。然而實際上，"文品"與"人品"，雖有某些關聯，卻並非一碼事。翻開一部中國文學史，二者相矛盾的事例比比皆是。為此，就在 1979 年，我曾經寫了一篇短文《駱賓王簡論》做為作業交給鄧先生批改，稱讚駱的文章而質疑他的人品。此文後來發表在武漢師範學院的學報上，據說還因此得罪了駱氏的後裔。我們的文藝理論常講"文如其人"，實際上是指文章的風格與人的性情的密切關係，亦即西方文論家所言"風格即人"，並非講文品與人品的一致。文品有高低，人品有優劣，風格卻只有異彩紛呈而無高低優劣之分。可惜我們卻往往將二者混同起來。另外，同一位作家創作的作品，好壞精粗都會有，不能一概而論，要顧及全篇，具體分析；而一個人的品行，也並非生而死定，一成不變，有人漸進，有人急退，所以應觀其一生，實事求是。在這方面，我認為列寧 1908—1911 年間所寫評論列夫•托爾斯泰的幾篇文章，依然是值得我們很好參考的。

三、 "脱籠鳥" 與 "籠中鳥"

　　這個題目是 1993 年 6 月我應邀為德國特里爾大學漢學系學生講課時所擬。當時系主任卜松山教授（Karl Pohl）希望我做一個陶淵明和蘇軾比較研究的講演，因為他是陶淵明詩歌的德文譯者，對此頗有興趣。而我，可以說對陶、蘇二人的詩都沒有甚麼研究。於是，我想起了文學史課上"如何看待陶淵明'歸園田'"的老問題。為何出仕與辭官，陶在《歸去來辭序》中有表白，傳統的解釋是不滿黑暗現實而與之決裂，是不與統治集團合作而退隱。王汝弼先生還強調陶此舉"表明了要靠自己的勞動來取得衣食"，與剝削生活劃清界限。可是這樣便很難去和蘇東坡做比較。於是我就想從另一個角度來看待這個問題，即身處晉宋動亂時代的陶能退隱辭官歸田，在宋朝做了大官又遭受"烏臺詩案"的蘇東坡卻始終做不到。歸園田的陶潛是"脱籠鳥"，那麼蘇軾就至死都好比是"籠中鳥"了。我的講課提綱，後來整理成一篇短文《"脱籠鳥"與"籠中鳥"——陶淵明與蘇軾的一種比較》，發表在 1994 年第 4 期的《傳統文化與現代化》雜誌上。在這裏我再次提出這個問題，是想強調我們在評價中國古代文學創作的歷史背景時，似乎應該注意以下兩點：

（一）作家及其創作當然和他所處的時代密切關聯，但正如啓功先生所説："文學和歷史，並非雙軌同步。文學家們，並非在'開國'時一齊'下凡'，亡國時一道'殉節'。"在創作思想上，社會的治亂與政治思想的開放或禁錮並不一定成正比，各人的處境與性情亦千差萬別，並沒有一個萬能的公式可以套用。漢代以後，中國的知識份子一直被一張鋪天蓋地的儒家思想

的大網籠罩着，也往往為統治集團所網羅、控制，身
處動亂時代的陶淵明可以用"歸田"的辦法來掙脫，
而在政治相對穩定的宋仁宗、英宗、神宗時期的蘇軾
卻沒有這種幸運。這在他們各自的詩歌創作中體現得
很清楚。

(二) 從文學史的"長河"看問題，只能"續流"而不能"斷
流"。這裏有前朝後代關聯的問題，也有文學自身的
發展規律問題，現行文學史教材切段式的敍述很有局
限。所以啓功先生1979年4月5日為我們講唐代文學
一開始，就告誡大家"文學史教材有一定的局限，不
可不讀，不可‘太’讀"。他指出："時代背景與文
學藝術的成就非常有關，但究竟是怎麼一個關係？背
景上的一些事情不是當時所能奏效、有所反映的。有
些非經過一段時間的消化才反映出來。現在所編的文
學史教材很容易把題材所反映的與當時的消化程度處
理不好。題材的反映是當時的，而藝術成就、藝術手
法並不是當時所能奏效的，這是一個施肥、開花、結
果的關係。"啓先生舉了李、杜詩反映安史之亂的例
子。"窮而後工"，但如果只有安史之亂的題材，而
沒有隋、初唐文學創作的醞釀和積累，也一定寫不出
"詩史"般的作品來。盛唐的澆灌反而使中、晚唐的詩
人得到好處。所以啓功先生説："輕視中晚唐是不恰
當的。晚唐詩非常細膩，如趙嘏、許渾、司空圖，詩
的‘精密度’已到了很高地步，這是安史之亂開出來
的花。"
由此我又想到了隋代文學的問題。我們所使用的游國

恩等先生主編的《中國文學史》在"隋唐五代文學"一編裏的第一章僅列了"隋代詩歌"一節，當然是因為隋代是短命的朝代而不予詳述。然而，隋代不僅是文學史上承前啓後的重要時期，其文學創作也頗有自己的特色可言。其主要原因應該就如啓先生所言，是動盪不安的魏晉南北朝時代宏富的文學創作、繁盛的文學理論澆灌的結果。另外，隋統一中國後，開始關注進一步開通絲綢之路，經略大西北。歷史上往往過於渲染隋煬帝下江南的荒淫無道，卻忘記了他也是開發大西北、促進中外經濟、文化交流的先行者。他是從秦始皇到清宣統惟一的一位不因戰爭目的到過大西北的君王。他派吏部侍郎裴矩鞏固絲路南、中、北三道以恢復商貿活動；大業五年（609）他親駕張掖，召集二十七國經貿大會；大業六年（610）、八年（612）他先後建立伊吾郡（今新疆哈密）、聯姻高昌王。所以隋代詩歌雖然有沿襲齊梁宮體詩輕靡的一面，也透出南北合流的新鮮氣息，尤其是與開發西北密切相關的邊塞詩，取得了突出成就，這些都為唐詩的繁榮打下了不可忽視的基礎。這些年來我參與一些敦煌文化藝術的研究，曾一直驚訝為何莫高窟千佛洞裏的隋代壁畫、彩塑的風格是那麼鮮明，自具特色，希望研究中國古代藝術的研究生能以此為學位論文的題目。現在想來，隋代文學也足可以寫博士論文的。

四、"人人傳寫"與"婦孺能誦"

文學史講到唐詩的繁榮與普及，有許多生動的事例。如王昌齡、高適、王之渙的"旗亭畫壁"故事；如岑參的詩"每一篇絕筆，則人人傳寫，雖閭里士庶，戎夷蠻貊，莫不

諷誦吟習焉"（杜確《岑嘉州詩集序》）；如白居易做詩"求
解於老嫗"，故"婦孺能誦"，"二十年間，禁省、觀寺、
郵候、牆壁之上無不書，王公、妾婦、牛童、馬走之口無不
道"（元稹《白氏長慶集序》），等等。文學史引證這些傳説
故事，主要是為了説明作家作品受人歡迎的程度與原因，卻
未能點到另一個十分關鍵的問題——唐詩的繁榮是與它的快
速、廣泛傳播分不開的。那麼，在印刷術剛剛發明、印刷品
遠未普遍使用的唐代，詩人的作品主要靠哪些方式傳播呢？
推而廣之，我們在講授和研究文學史時，是不是忽略了一個
至關重要的問題——文學作品的傳播方式？

　　啟功先生為我們講"唐代民間文學"，首先指出傳統的
"雅"、"俗"説法並不合適。文學史著作上講唐代的"俗
文學"即指書面流傳的民間文學作品；但實際上，雅、俗文
學基本上都來自民間。以"賦"為例：屈原的《離騷》賦"行
吟澤畔"，本來就是民間的説唱文學，後來被升格為"離騷
經"了；司馬相如原來也是搞民間文學的，後來為狗監楊得
意推薦，"上讀《子虛賦》而善之"（《漢書‧司馬相如傳》），
於是漢賦蔚為大觀；敦煌藏經洞發現了那麼多的賦類作品，
幾乎全是民間文學作品，以今天的標準衡量，可謂雅、俗皆
備，均與民間的説唱活動關係密切。敦煌發現的唐代變文實
際上也是當時宮廷、寺院、民間流行的"俗講"的底本。至
於"敦煌曲子詞"，更透露了詞的起源與流變的重要信息。
像前面所舉"旗亭畫壁"的故事，正是民間唱詩（包括吟唱
文人作品）的生動事例。許多好詩，也是當時"流行歌曲"
的唱詞。可見，從上到下全社會的説唱活動，是唐詩傳播的
重要方式之一。

還有其他的傳播方式。1969年，在考古工作者從新疆吐魯番阿斯塔那古墓葬（TAM 363:8）的發掘品中，發現了唐景龍四年（710）五月當地寺學士郎卜天壽抄寫的《論語》、《十二月新三臺詞》及幾首五言詩。這些五言詩即今人所謂的白話"打油詩"，如第一首："寫書今日了，先生莫嫌遲。明朝是假日，早放學生歸。"當時郭沫若先生曾撰文對卜天壽的詩作給予高度評價。後來，我們在敦煌藏經洞寫卷中發現了許多當時當地學士郎抄寫的打油詩，有幾首與卜天壽所抄幾乎如出一轍；後來，人們又在長沙古窰遺址出土的唐代瓷器上發現了十分相近的詩作。吐魯番、敦煌、長沙相距遙遠，但並沒有影響這些最普通的學生詩作的傳播。我曾經在幾篇文章裏頗為感慨地舉過這方面的例子，此不贅述。這裏我只是想提出來就唐代學校教育在詩歌傳播上的作用進一步做些分析。敦煌藏經洞發現的《秦婦吟》寫卷是更典型的例子。晚唐詞家韋莊的《秦婦吟》是描述黃巢起義軍攻進長安前後情景的七言長篇敍事詩，後來失傳。五代孫光憲《北夢瑣言》卷六載："蜀相韋莊應舉時，遇黃（巢）寇犯闕，著《秦婦吟》一篇，內一聯云：內庫燒為錦繡灰，天街踏盡公卿骨。爾後公卿亦多垂訝，莊乃諱之。時人號為'秦婦吟秀才'。他日撰家誡內，不許垂《秦婦吟》障子。以此止謗，亦無及也。""止謗"的目的未達到，但這首長詩除了孫所引那兩句外，餘皆失傳了。1920年，王國維先生首先在斯坦因劫去的敦煌卷子裏發現並刊佈了敦煌《秦婦吟》寫卷部分錄文，1924年又刊佈全詩校本，失傳了近千年的唐代第一長敍事詩遂重顯全貌。文史界為之轟動，並掀起過一個小小的校釋與研究高潮，但好像仍未從中注意到唐詩傳播的信息。敦煌藏經洞所出《秦婦吟》已知有十個寫本，其中有五個寫本有抄寫人署名題記，均為當時敦煌寺學的學士郎所寫，時間在貞明五年（919）到太平興國四年（979）之間。韋莊死於前蜀王建天祐七年（910）。於此可知，起碼在韋莊死後的70年中，他的《秦婦吟》在遠離中原的沙州敦煌還在不斷地被寺學生抄寫着。為甚麼學生要抄這樣一首長達1600多字的詩歌？有一位抄寫者在卷末用與發牢騷的打油詩中講是為了抵債——他借了老師的高利貸。於是又可推知，在敦煌寺學，《秦婦吟》是老師用來作教材用的。我們今天所有高校中文系的教學中，大概沒有講授《秦婦吟》全詩的；可是在一千年前的唐代，在絲路咽喉的敦煌的童蒙教材中，居然有被作者自己禁止了的長篇詩歌！這個令人震驚的事實，值得我們深思。

我國古代自孔夫子提出"詩"的興、觀、羣、怨功能，提倡"詩教"之後，詩歌的傳播就有了一條穩定而合法的途徑。但是在實際上，官方與民間私學的"詩教"在內容、形式及目的上都很不相同。到了唐代，風氣開放，民族交融、文化交流、民間文藝之活躍，均非前代可及，私學乃至寺學的課堂，都成為詩歌創作與傳播的重要場所，即便是遠在河西走廊以西的敦煌和高昌，都是如此。"以詩賦取士"的考試制度加上大批文人士子西出陽關，追求功名，更加推進了詩歌的教學與交流。這樣，我們就可以理解為何在敦煌藏經洞裏會發現那麼多的唐詩選集與抄本，那麼多僧人的詩作與學士郎們的打油詩，那麼多在中原已經佚失了的名人或無名氏的佳篇；我們也才能理解"戎夷蠻貊，莫不諷誦吟習"岑參詩和"童子解吟長恨曲，胡兒能唱琵琶篇"的情景。

自 27 年前至今，諸位老師在課堂內外給我們講授文學史所提出的問題遠不止以上這些，如少數民族作品在中國文學史中應佔的地位問題，如各類文學體裁的內在聯繫問題，如中國文學批評著作與西方文藝理論的關係問題，都值得我們去細細品味，認真思考，得出接近事實的、科學的結論。

（2005 年 12 月）

商務印書館 📖 讀者回饋咭

請詳細填寫下列各項資料，傳真至 2565 1113，以便寄上本館門市優惠券，憑券前往商務印書館本港各大門市購書，可獲折扣優惠。

所購本館出版之書籍：_____

購書地點：_____ 姓名：_____

通訊地址：_____

電話：_____ 傳真：_____

電郵：_____

您是否想透過電郵或傳真收到商務新書資訊？　1□是　2□否

性別：1□男　2□女

出生年份：_____年

學歷：1□小學或以下　2□中學　3□預科　4□大專　5□研究院

每月家庭總收入：1□HK$6,000以下　2□HK$6,000-9,999
　　　　　　　　3□HK$10,000-14,999　4□HK$15,000-24,999
　　　　　　　　5□HK$25,000-34,999　6□HK$35,000或以上

子女人數(只適用於有子女人士)　1□1-2個　2□3-4個　3□5個以上

子女年齡(可多於一個選擇)　1□12歲以下　2□12-17歲　3□18歲以上

職業：1□僱主　2□經理級　3□專業人士　4□白領　5□藍領　6□教師　7□學生
　　　8□主婦　9□其他

最常前往的書店：_____

每月往書店次數：1□1次或以下　2□2-4次　3□5-7次　4□8次或以上

每月購書量：1□1本或以下　2□2-4本　3□5-7本　4□8本或以上

每月購書消費：1□HK$50以下　2□HK$50-199　3□HK$200-499　4□HK$500-999
　　　　　　　5□HK$1,000或以上

您從哪裏得知本書：1□書店　2□報章或雜誌廣告　3□電台　4□電視　5□書評/書介
　　　　　　　　　6□親友介紹　7□商務文化網站　8□其他(請註明：_____)

您對本書內容的意見：_____
_____

您有否進行過網上購書？　1□有 2□否

您有否瀏覽過商務出版網(網址：http://www.commercialpress.com.hk)？1□有　2□否

您希望本公司能加強出版的書籍：1□辭書　2□外語書籍　3□文學/語言　4□歷史文化
　　　5□自然科學　6□社會科學　7□醫學衛生　8□財經書籍　9□管理書籍
　　　10□兒童書籍　11□流行書　12□其他(請註明：_____)

根據個人資料「私隱」條例，讀者有權查閱及更改其個人資料。讀者如須查閱或更改其個人資料，請來函本館，信封上請註明「讀者回饋咭-更改個人資料」

請貼
郵票

香港筲箕灣
耀興道 3 號
東滙廣場 8 樓
商務印書館 (香港) 有限公司
顧客服務部收